编译文库

经济

何惧 著

中央高校基本科研业务费专项资金资助

改革开放以来区域扶贫协作研究

The Research of the Regional Poverty Alleviation Collaboration Since the Reform and Opening-up

中央编译出版社
Central Compilation & Translation Press

图书在版编目（CIP）数据

改革开放以来区域扶贫协作研究 / 何惧著. —北京：中央编译出版社，2024.3

ISBN 978-7-5117-4713-6

Ⅰ. ①改… Ⅱ. ①何… Ⅲ. ①扶贫-经济援助-研究-中国 Ⅳ. ①F126

中国国家版本馆 CIP 数据核字（2024）第 062333 号

改革开放以来区域扶贫协作研究

责任编辑	李媛媛　高冀蒙
责任印制	李　颖
出版发行	中央编译出版社
网　　址	www.cctpcm.com
地　　址	北京市海淀区北四环西路 69 号（100080）
电　　话	（010）55627391（总编室）　（010）55625173（编辑室）
	（010）55627320（发行部）　（010）55627377（新技术部）
经　　销	全国新华书店
印　　刷	佳兴达印刷（天津）有限公司
开　　本	710 毫米×1000 毫米　1/16
字　　数	190 千字
印　　张	11.75
版　　次	2024 年 3 月第 1 版
印　　次	2024 年 3 月第 1 次印刷
定　　价	75.00 元

新浪微博：@中央编译出版社　　微　信：中央编译出版社（ID：cctphome）
淘宝店铺：中央编译出版社直销店（http：//shop108367160.taobao.com）　（010）55627331

本社常年法律顾问：北京市吴栾赵阎律师事务所律师　闫军　梁勤
凡有印装质量问题，本社负责调换。电话：（010）55627320

目录

绪　论 ··· 1

第一章　区域扶贫协作的理论溯源与现实背景 ························ 24

　第一节　区域扶贫协作的理论溯源 ·· 24

　　（一）马克思主义经典作家反贫困理论中的思想精华 ········· 24

　　（二）中国共产党革命建设历史中的经验总结 ··················· 27

　　（三）国外关于应对贫困问题经验的研究中的合理成分 ······ 30

　第二节　区域扶贫协作的现实背景 ·· 34

　　（一）必要性：中国的贫困问题具有突出的区域性特征 ······ 34

　　（二）可能性：中央统一领导下贫富地区差异可以转化为
　　　　　协作契机 ·· 37

　　（三）紧迫性：改革开放与区域贫富差距的扩大 ··············· 40

第二章　区域扶贫协作的早期形态（1978—1993） ················ 44

　第一节　对口支援的起源与演进 ·· 44

　　（一）对口支援的含义与起源 ·· 44

（二）对口支援的具体模式 …………………………………… 47
第二节　救济式扶贫阶段（1978—1985）………………………… 54
　　（一）救济式扶贫阶段的对口支援 …………………………… 55
　　（二）救济式扶贫阶段的成绩与问题 ………………………… 56
第三节　开发式扶贫阶段（1986—1993）………………………… 58
　　（一）从"输血式"扶贫转向"造血式"扶贫 ………………… 59
　　（二）国务院贫困地区经济开发领导小组成立 ……………… 62
　　（三）"三西"建设 …………………………………………… 66
　　（四）企业间跨区域的横向联合加强 ………………………… 70

第三章　区域扶贫协作的迅速发展（1994—2011）……………… 74

第一节　东西扶贫协作的确立及发展 ……………………………… 74
　　（一）《国家八七扶贫攻坚计划》：以解决农村贫困人口
　　　　　温饱问题为重点 ……………………………………… 75
　　（二）《中国农村扶贫开发纲要（2001—2010年）》：以
　　　　　全面建设小康社会为目标 …………………………… 82
第二节　东西扶贫协作的主要内容 ………………………………… 91
　　（一）开展产业合作 …………………………………………… 92
　　（二）组织劳务协作 …………………………………………… 94
　　（三）加强人才支援 …………………………………………… 95
　　（四）增加资金支持 …………………………………………… 99
　　（五）动员社会参与 …………………………………………… 101

第四章　区域扶贫协作的崭新格局（2012年以来）……………… 105

第一节　区域扶贫协作的理论创新 ………………………………… 105
　　（一）全面打赢脱贫攻坚战 …………………………………… 106

　　　　（二）实施精准扶贫 …………………………………… 109
　　　　（三）区域扶贫协作理论创新的具体表现 …………… 113
　　　　（四）中国特色反贫困理论的原创性贡献 …………… 115
　　第二节　区域扶贫协作的实践探索 ……………………………… 117
　　　　（一）调整完善省级结对关系 ………………………… 118
　　　　（二）"携手奔小康"：基层结对模式的新发展 ……… 120
　　　　（三）强化监督考核机制 ……………………………… 124
　　第三节　多学科视角下区域扶贫协作意义探究 ………………… 126
　　　　（一）经济学视角：生产要素的流动与产业升级的加速 … 127
　　　　（二）政治学视角：府际关系的调适与治理能力的提升 … 131
　　　　（三）社会学视角：社会保障的完善与社会共识的凝聚 … 134

第五章　区域扶贫协作的经验启示 ………………………………………… 139
　　第一节　坚持推进区域扶贫协作的实践样板——闽宁协作 …… 139
　　　　（一）闽宁对口帮扶关系的确定及发展 ……………… 140
　　　　（二）闽宁协作的经验启示 …………………………… 148
　　第二节　发展完善区域扶贫协作的理论思考 …………………… 153
　　　　（一）在政治推动和经济利益的平衡中持续发展 …… 153
　　　　（二）在政策话语和基层实践的互动中不断完善 …… 156

结　语 ………………………………………………………………………… 159

参考文献 ……………………………………………………………………… 163

后　记 ………………………………………………………………………… 180

绪 论

一、选题缘由与研究意义

(一) 选题缘由

纵观历史，贫困问题是长期困扰全人类的"千年难题"，中国的贫困问题也一直相当严峻。新民主主义革命时期，中国共产党通过领导广大农民"打土豪分田地"，赢得了民族独立，从某种程度上就是帮助中国最贫苦的农民摆脱贫困。改革开放以来，在中国共产党的领导下，我国的贫困治理成就举世瞩目，形成了广受国际社会赞誉的"中国减贫道路"。党的十八大以来，以习近平同志为核心的党中央更是前所未有地把脱贫攻坚作为全面建成小康社会的底线性任务，纳入"五位一体"总体布局和"四个全面"战略布局，摆到治国理政全局和中华民族伟大复兴的突出位置。在这样的时代大背景下，回顾中国的扶贫历史进程，总结扶贫战略的利弊得失，具有重要意义。

区域发展不平衡，一直以来都是中国经济社会发展中的一大难题。引发的贫富分化加剧更是全面建成小康社会道路上的"拦路虎"。我国幅员辽阔，各地区之间的经济社会发展存在巨大差异。1992年，邓小平在南方谈话中指出："走社会主义道路，就是要逐步实现共同富裕。共同富裕的构想是这样提出的：一部分地区有条件先发展起来，一部分地区发展慢点，先发展起来的地区带动后发展的地区,最终达到共同富裕。"① 十九届四中全会强调,"构建区域协调发展新机制,形成主体功能明显、优势互补、高质量发展的区域经济布局"②。这说明,实现区域平衡协调发展,最终实现共同富裕,是中国特色社会主义的题中应有之义。

为了尽早摆脱贫困、改善人民生活,也为了缩小区域差距推动协调发展,在中国共产党的领导和中央政府的强力主导下,区域扶贫协作应运而生并不断发展完善,具有重大意义。

(二) 研究意义

开展区域扶贫协作研究,有重要的理论价值和实践价值。具体说来,其理论价值主要有以下两方面。

第一,有助于推动并深化扶贫理论和协作机制的研究。全面系统回顾中国开展区域扶贫协作的历史过程,从不同角度分析其利弊得失,可以为进一步研究反贫困理论、区域协作发展等理论问题打下基础,拓展相关研究的思路和视角。同时,系统总结区域扶贫协作的经验启示,也有助于推进中国扶贫经验的国际化,增强中国在国际舞台中的话语权,坚定中国特色社会主义道路自信、理论自信、制度自信、文化自信。当今世界并不安宁,贫困不仅困扰着中国,也困扰着世界。由于种种原因,地区间发展不平衡,是几乎所有国家在发展过程中都需要面临的难题。在众多发展中国家中,中国第一个实现了联合国千年发展目标中减贫目标,为全球减贫事业做出了重大贡献。2020年中国如期解决了绝对贫困问题,这注定会载入人类发展的史册,中国的区域扶贫协作经验,也将为其他国家的减贫工作提供有效借鉴。

第二,有助于拓宽中共党史、新中国史、改革开放史的研究广度。欲明大道,必先知史。党的十八大以来,习近平总书记多次强调,要把学习贯彻

---

① 《邓小平文选》(第3卷),北京:人民出版社1993年版,第373—374页。
② 参见党的十九届四中全会审议通过的《中共中央关于坚持和完善中国特色社会主义制度 推进国家治理体系和治理能力现代化若干重大问题的决定》。

党的创新理论同"四史"学习结合起来,推动"四史"相关研究不断深入。本书从区域扶贫协作这一角度切入,对改革开放以来中国共产党团结带领全国人民开展现代化建设的历史进行回顾和总结。这段历程是改革开放史和新中国史的重要组成部分,对它的研究能够拓宽"四史"的研究领域。近年来,随着社会史方法渗入党史研究,研究领域大为拓宽,优秀成果不断涌现。开展区域扶贫协作,努力摆脱贫困,正是改革开放以来中国共产党治国理政过程中回应时代需要和人民诉求的一项重要制度,值得深入思考和剖析。从区域扶贫协作的运行机制中,我们也可以管窥中国特色社会主义独特的制度优势。

开展区域扶贫协作研究,主要有以下实践意义。

第一,有助于完善区域扶贫协作制度,为打赢脱贫攻坚战和应对相对贫困问题,提供积极助力。应当指出,区域扶贫协作是从我国实际国情出发,经过充分分析研究,形成的一项制度安排。改革开放以来,其在取得巨大成效的同时,也存在改进完善的空间。尽管我国的绝对贫困问题得到解决,相对贫困仍将长期存在。当前和今后一段时间,巩固脱贫攻坚成果和实施乡村振兴战略有效衔接,需要总结这一制度实施过程中正反两方面的经验,进一步提高区域扶贫协作水平。

第二,有助于提升解决不平衡不充分的发展问题的能力,为进一步推进国家治理体系和治理能力现代化提供有益启迪。党的十九大报告提出,中国社会的主要矛盾发生了转化:"中国特色社会主义进入新时代,我国社会主要矛盾已经转化为人民日益增长的美好生活需要和不平衡不充分的发展之间的矛盾。"[①] 党的二十大报告进一步明确,"全面建设社会主义现代化国家,最艰巨最繁重的任务仍然在农村"[②]。这指明了中国社会发展的特点和未来努

[①] 习近平:《决胜全面建成小康社会 夺取新时代中国特色社会主义伟大胜利——在中国共产党第十九次全国代表大会上的报告》,北京:人民出版社2017年版,第11页。

[②] 习近平:《高举中国特色社会主义伟大旗帜 为全面建设社会主义现代化国家而团结奋斗——在中国共产党第二十次次全国代表大会上的报告》,北京:人民出版社2022年版,第30—31页。

力的方向。作为一项互利共赢的战略，区域扶贫协作的完善，无疑将为推动中国的协调均衡发展，提供新思路、贡献新动力。同时，作为一项协调府际关系的重要制度，在科学理论指导下推进区域扶贫协作实践创新的过程中，我国在政治制度和治理体系等方面的独特优势，将会进一步彰显，国家治理体系和治理能力的现代化水平也将进一步提升。这将从一个侧面印证，中国特色社会主义是理论逻辑、历史逻辑、实践逻辑相统一的科学理论。

二、国内外研究现状述评

学术研究要建立在前人已有成果的基础上进行提升。贫困问题的重要性不容置疑，但在过去很长一段时间里，理论界、学术界对贫困问题的研究，存在着起步晚、成果少、影响弱等问题。中国学者对国内贫困问题的学术研究，开始于20世纪80年代。1986年，山西忻州市召开了国内第一次以贫困为主题的学术会议——全国贫困与发展研讨会，标志着学术理论界对贫困问题的科学研究自此正式开始。

随着经济社会发展，中国贫困问题日益凸显，国家扶贫力度与日俱增，针对贫困问题的研究成果也逐渐丰富起来。党的十八大以来，伴随着脱贫攻坚战略地位的明确，不同学科的学者从各种角度入手，以习近平关于扶贫的重要论述和相关理论政策为重点，展开了宽领域、多样化、多层次的研究，提出了许多切实可行的建议和措施。关于扶贫工作的理论与实践，更是目前学界的一大研究热点。以时间段划分，大体包括对新中国成立以来特别是改革开放以来的总结性研究、党的十八大以来至2020年脱贫攻坚阶段的对策性研究和2020年后中国扶贫战略的前瞻性研究。这些研究主要呈现以下特点：一是坚持以习近平总书记关于扶贫工作的重要论述为指导；二是坚持问题导向；三是坚持规范性与实证性相结合；四是坚持理论性和前瞻性并重。[1]

---

[1] 黄承伟：《论中国新时代扶贫理论实践研究》，载《华中农业大学学报（社会科学版）》，2019年第1期。

具体到区域扶贫协作这一问题上,相关研究成果数量也相当可观,它们对本书的写作具有一定的参考价值。按形式,这些成果大体可分为如下几类。

文献档案类资料。党的十一届三中全会以来,中央文献研究室相继编辑出版了大量文献资料选编,人民出版社出版了江泽民、胡锦涛、习近平等党和国家领导人的文集。这其中包含了许多关于扶贫开发的论述、指示和决定,在不同层面上涉及区域扶贫协作。作为担负扶贫任务的主要部门,民政部出台了大量政策文件。在每年的《民政工作文献选编》中,也多将扶贫工作列为一个重要专题,将这些文件收录其中。国务院扶贫开发领导小组也印发了一系列专题文件,如《中国农村扶贫开发纲要(2011—2020)》《扶贫工作文件汇编(1978—2000)》等。全面查阅系统梳理这些资料中关于本选题的内容,可以从宏观上把握党和国家对区域扶贫协作的顶层设计,理解党和国家领导人对扶贫问题的思考,也是对改革开放以来历史的一次全景回顾。

学术著作。目前尚未见到专门研究区域扶贫协作的学术专著,相关研究著作大体上可分为三类:一是各级相关部门组织编写的纪实性著作,如徐永富主编的《携手铸辉煌》丛书,共分综述、项目、人物、记事、会议、新闻六卷,全面展现了闽宁对口协作的全过程,提供了大量闽宁协作的珍贵史料。此类著作包含大量区域扶贫协作的案例。二是研究扶贫理论实践发展历程的著作,如康晓光的《中国贫困与反贫困理论》,作为较早的专门研究中国扶贫理论的著作,分析了中国区域性贫困的十项成因①,探讨了扩大收入、转移人口两类最重要的反区域性贫困战略,为后来的研究奠定了基础。此类研究在中国扶贫工作的历史进程中,将区域扶贫协作视为推动脱贫的一个方面。三是研究区域经济协调发展的著作,如张军扩、侯永志的《协调区域发展——30年区域政策与发展回顾》。他们认为,东西部区域扶贫协作是

---

① 这十项单因素成因为:自然条件、发展起点、经济结构、积累能力、科技力量、人口素质、社会服务、制度创新、市场机制、政治结构,参见康晓光:《中国贫困与反贫困理论》,桂林:广西人民出版社1995年版,第92—120页。

1986—2000年间中国贫困区域发展最为重要的政策之一。①

期刊论文。期刊论文情况与学术著作基本类似，也大致可分为上述几类。但有一些专题研究成果，对本书具有更大的参考价值，在此特别列出。比如，黄承伟在《东西部扶贫协作的实践与成效》中，简要总结了1996年以来东西部扶贫协作的实践经验与成效，并提出了四点针对性建议：一要深化认识，提高自觉性主动性；二要精准聚焦，提高精准性有效性；三要强化对接，提高互补性内生性；四要严格考核监督，提高规范性真实性。②文章言简意赅，意蕴深刻。李勇在《改革开放以来东西扶贫协作政策的历史演进及其特点》中，将这一政策的演进过程分为三个时间段，通过梳理中国共产党扶贫思路与时俱进的过程，他得出结论："东西扶贫协作是改革开放以来扶贫开发中最能体现中国特色的一项重要内容。"③文章条分缕析，思路清晰。陈瑞莲、谢宝剑在《回顾与前瞻：改革开放30年中国主要区域政策》中指出，自1999年十五届四中全会正式提出西部大开发战略以来，中国区域政策的重心就从重点优先发展转向了缩小区域差距，而"对口支援与帮扶"正是符合这一目标的区域合作的重要形式之一。④

学位论文。近几年，围绕扶贫问题涌现出大量的博硕士学位论文，涉及扶贫领域的方方面面，区域扶贫协作也是选题之一。其中，李勇的硕士论文《改革开放以来东西对口扶贫协作研究》从历史发展的角度，简单回顾了这一制度发展的历史过程，提出了推进区域扶贫协作的思考。兰英的硕士论文《对口支援：中国特色的地方政府间合作模式研究》从府际关系的角度出发，探讨了对口支援过程中地方政府间的关系变化，但对扶贫的关注较少。张莉

---

① 张军扩、侯永志：《协调区域发展——30年区域政策与发展回顾》，北京：中国发展出版社2008年版。
② 黄承伟：《东西部扶贫协作的实践与成效》，载《改革》，2017年第8期。
③ 李勇：《改革开放以来东西扶贫协作政策的历史演进及其特点》，载《党史研究与教学》，2012年第2期。
④ 陈瑞莲、谢宝剑：《回顾与前瞻：改革开放30年中国主要区域政策》，载《政治学研究》，2009年第1期。

的博士论文《中国东西部地区扶贫协作发展研究》从管理科学的角度，全面分析了区域扶贫协作中各项政策的运行机制，由于是管理科学专业的论文，其侧重点在于通过管理学和经济学数据模型，测度这一制度的实效。总之，关于区域扶贫协作，马克思主义理论学科的专业学位论文尚未出现。

总结国内学界对于改革开放以来的区域扶贫协作研究，大部分按照"背景—内容—影响"的常规分析思路展开，分别回答"为什么""是什么""怎么样"的问题，其基本状况可分为以下几个方面。

关于区域扶贫协作的背景。区域扶贫协作的背景，主要分为理论背景和现实背景两方面。理论背景方面，绝大多数学者都论及马克思主义反贫困理论特别是共同富裕理论。比如有学者认为，马克思主义反贫困理论揭示了资本主义制度下无产阶级贫困化的根源和无产阶级贫困化增长的趋势，同时指明了只有消灭雇佣劳动制度，才是无产阶级摆脱贫困命运的根本出路。① 从制度角度彻底消除贫困根源，是中国共产党长期坚持的理论逻辑。还有学者认为，邓小平强调的共同富裕思想，集中展现了社会主义制度优越性，"先富带动后富"是依照中国现实国情而选择的实现共同富裕的手段。② 另外也有学者提到，国际上区域经济发展的经验，对中国区域政策的制定具有一定借鉴意义。③ 现实背景方面，东西部之间自然条件和经济发展水平的客观差异是开展区域扶贫协作的基础条件，这一点学界已有共识。有学者将中国各地区条件差异显著、发展极不平衡的基本国情概括为"一个中国，四个世界"，强调了坚持区域协调发展战略的重要性。④ 也有学者提出，对口支援制度在中国能够发挥独特作用，有特殊的制度前提、政治前提、经济前提和社

---

① 文建龙：《中国共产党与中国扶贫事业改革开放以来扶贫重心转移的路径与动因》，北京：社会科学文献出版社2018年版，第9页。
② 曾水英、范京京：《对口支援与当代中国的平衡发展》，载《西南民族大学学报（人文社科版）》，2019年第6期。
③ 孙志祥：《美国的贫困问题与反贫困政策述评》，载《国家行政学院学报》，2007年第3期。
④ 胡鞍钢：《中国：走向区域协调发展》，载《经济前沿》，2007年第Z1期。

会前提，具有强烈的中国特色，是其他国家难以有效复制的。①

需要指出的是，将中国共产党民主革命时期一些经验做法视为区域扶贫协作背景的研究还比较少见。事实上，人民战争对新中国成立之后的制度成长具有多重影响。虽然当时的许多做法主要是服务于革命战争而非经济建设，但从中央统一协调解决各区域之间发展不平衡的角度上，中国共产党在民主革命时期的一些做法，同后来对口支援的确立，应当是有联系的。

关于区域扶贫协作的内容。大部分相关研究中，往往将开展区域扶贫协作的内容和其发展过程联系在一起，通过某一具体扶贫协作案例，分类总结其实施情况和特点，在这方面闽宁协作的成果数量最多。有学者关注到改革开放以来中国扶贫事业重心转移的路径与动因，经过历史回顾后得出结论，这种重心转移大致沿着是如下路线演进的：经济救济式扶贫→侧重发展贫困人口能力的开发式扶贫→侧重贫困人口权利保障的治理式扶贫。② 区域扶贫协作的发展历程，也具有类似的阶段性特征。有研究详细回顾了浙江对口帮扶四川南充扶贫开发的历史过程，从建立帮扶机制、经济建设项目、民生工程项目三个方面，介绍了帮扶工作具体实施的情况。③ 此外，还有研究关注到了教育、卫生等领域的对口支援问题，介绍了部分著名高校"一对一"对口支援西部地区高校的基本情况，拓展了关于区域扶贫协作的研究领域。④

关于区域扶贫协作的影响。学界对区域扶贫协作取得的巨大成绩，大多予以高度肯定。一方面，接受援助地区获得了快速发展，取得了显著的减贫效果。另一方面，提供援助的地区也在协作开发中获得了人力物力资源和发展空间，实现了互利共赢。还有学者创造性地将省级对口帮扶关系引入空间

---

① 钟开斌：《对口支援：起源、形成及其演化》，载《甘肃行政学院学报》，2013年第4期。
② 文建龙：《中国共产党与中国扶贫事业：改革开放以来扶贫重心转移的路径与动因》，北京：社会科学文献出版社2018年版。
③ 中共南充市委党史研究室、南充市扶贫和移民工作局：《中国共产党南充扶贫开发史（1986—2010）》，北京：中共党史出版社2016年版，第271—293页。
④ 钟开斌：《对口支援：起源、形成及其演化》，载《甘肃行政学院学报》，2013年第4期。

矩阵之中，通过空间计量分析，将各帮扶省份之间的协作效果计量化，使得政策效果一目了然。① 同时，也有学者从不同角度，提出了区域扶贫协作进一步完善改进的方向。比如，有学者指出了当前区域扶贫协作同中央新的精准扶贫要求之间，还存在几点不相适应的问题：一是新确定的协作区域增加了企业进入的难度；二是企业参与精准扶贫的手段和方式不足；三是东西部扶贫协作的统计和考核评估不能适应需要。② 有学者重点论述了对口支援和经济技术协作在法律制度体系上的缺陷和对策。③ 还有学者建议，在新时代进一步完善东西部扶贫协作和对口支援，需要从四个维度通盘考虑：一是从全面建成小康社会的战略高度强化工作；二是突出产业转移与创新这一重要内容；三是抓住技术转移和创新这一关键所在；四是关注社会文化这一重要领域。④

对区域扶贫协作的影响要辩证看待，既要看到其成绩，也要看到问题，不能"报喜不报忧"。既要看到扶贫方面的成效和挑战，也要探究协作方面的经验和教训。更进一步的思考应当是，如何在当前时期和未来一个时间段内，尽可能扬长避短，进一步完善符合中国国情的区域扶贫协作制度。这种建议应当注重循序渐进遵循规律，应当建立在各个学科通力配合的坚实基础之上。

国外研究状况。如何弥合区域经济发展中的差距，是世界许多国家发展过程中面临的共同问题。国外对于中国贫困和扶贫问题的思考，主要还是集中在经济领域。党的十八大以来，脱贫攻坚被提升到前所未有的战略高度，中国在国际舞台上的地位和作用日益凸显。在这样的背景下，国外学界对中国贫困问题的研究热情也呈上升态势。

---

① 席建国：《我国东西部地区对口帮扶效应研究——TFP 的视角》，华侨大学 2011 年博士论文。
② 吴国宝：《东西部扶贫协作困境及其破解》，载《改革》，2017 年第 8 期。
③ 杨道波：《对口支援和经济技术协作法律对策研究》，载《中央民族大学学报（哲学社会科学版）》，2006 年第 1 期。
④ 李小云：《东西部扶贫协作和对口支援的四维考量》，载《改革》，2017 年第 8 期。

从历史上看，西方发达国家面临同现代化伴随产生的贫困问题比中国更早，形成的理论也更加丰富。这些理论对思考贫困成因和对策有一定参考价值。比如，以舒尔茨（Theodore W. Schultz）为代表的人力资本理论家提出，贫困的根源在于人力资本的质量低下。① 学者阿玛蒂亚·森（Amartya Sen）在此基础上，指出贫困主要成因是人的能力遭到剥夺或丧失机会。② 瑞典经济学家冈纳·缪尔达尔（Karl Gunnar Myrdal）则从社会经济结构出发，指出社会和经济的不平等是贫困的原因，并首次将"反贫困"作为理论研究的一个专业术语。③

探究丰富的国际减贫理论和生动的中国脱贫实践之间的关系，是国外相关研究的一条主要路径。这种研究路径又具体表现为两种路向，一是利用减贫理论，分析中国脱贫措施的有效性；二是总结提炼中国脱贫经验，丰富充实到减贫理论之中。

在前一路向中，中国的脱贫实践得到了学理性阐释。比如在精准扶贫实践中，社会保障兜底一批的扶贫措施，适用于无法依靠产业扶持、缺乏劳动能力的特殊贫困群体。有学者通过数据模型分析了中国农村最低生活保障制度对于减贫的影响，认为"最低生活保障对于减贫确实有所贡献，按照人均可支配收入标准衡量，农村低保有助于将贫困人口的百分比降低0.42个百分点；按人均消费支出衡量，贫困人口的减少幅度更高，达到0.63个百分点"④。这就从理论上进一步验证了，实现农村低保标准和国家扶贫标准"两线合一"，发挥社会保障兜底作用的有效性。2017年，全国所有县农村低保

---

① ［美］西奥多·舒尔茨：《论人力资本投资》，吴珠华等译，北京：北京经济学院出版社1990年版。
② ［印］阿玛蒂亚·森：《贫困与饥荒：论权利与剥夺》，王宇、王文玉译，北京：商务印书馆2011年版。
③ ［瑞典］冈纳·缪尔达尔：《世界贫困的挑战——世界反贫困大纲》，顾朝阳等译，北京：北京经济学院出版社1991年版。
④ Nanak Kakwani, "Evaluating the Effectiveness of the Rural Minimum Living Standard Guarantee (Dibao) Program in China", *China Economic Review*, Vol. 53, 2019, p. 19.

标准均已达到或超过国家贫困标准，成为特殊困难群体值得信赖的最后一道"安全网"。

在后一路向中，国际减贫理论得到了完善和发展。比如，国际上普遍认同经济增长是减少贫困最为主要的因素，且两者之间存在一定的数值比例关系。但有学者在比较了20世纪90年代贵州、云南两省的经济数据之后发现，贵州省经济增长缓慢，但农村贫困率持续下降。云南则恰恰相反，经济的快速增长不仅没有减轻贫困，反而使贫困人口比例更高。通过对比两省的政策措施，作者得出结论，云南省的政策有益于该省的城市地区和一些较富裕的农村地区，进而快速提升GDP。但其经济结构导致最贫困的农村人口并未获得经济增长带来的收益；贵州省选择发展的产业，技术要求不高，劳动技能和文化素质相对较低的贫困人口也能参与其中，因此尽管全省整体上经济增长缓慢，却有效减少了贫困。① 从该研究中不难得出结论，单纯经济增长对减少贫困的作用是有限的，如果发展方向仅仅以追求增长效率为目标，不仅不能惠及贫困人口，反而会陷入"胜者全赢"的陷阱之中，使贫富差距进一步扩大。

对中国共产党领导扶贫事业取得的伟大成绩，国际社会大多予以充分肯定。联合国秘书长古特雷斯就曾多次盛赞中国精准扶贫精准脱贫措施取得的重大成就，并倡导将中国经验向全世界推广。2017年10月，在致减贫与发展高层论坛贺信中，他明确指出，"精准减贫方略是帮助贫困人口、实现《2030年可持续发展议程》宏伟目标的唯一途径"②。

对中国贫困问题成因中的区域性因素，国外学者展开了分析。比如瑞典学者比约恩·古斯塔夫松等基于一系列微观统计数据提出，在中国，城乡之间存在明显贫富差距的同时，较富裕的东部地区、中部地区和欠发达、最贫困的西部地区之间，存在更大的贫富差距。研究发现，"区域瞄准策略同中

---

① John A. Donaldson, *Small Works: Poverty and Economic Development in Southwestern China*, Ithaca, NY: Cornell University Press, 2011.

② 《脱贫攻坚砥砺奋进的五年》，载《人民日报》，2017年10月17日，第8版。

国消除贫困颇为相关"①。

中央政府主导下的区域扶贫协作是具有中国特色的制度安排,彰显了中国独特的政治优势和制度优势。对此,也有国外学者从政治层面进行了解读。早在20世纪80年代,对于改革开放之前中国对贫困问题的治理效果,世界银行就在报告中曾有过积极评价。报告同时指出,这种减贫成绩的取得,得益于充分的规划和有效的组织,"这些规划是和1949年的革命开始进行的社会动员工作密切结合起来的"②。

同国内相关研究相比,国外学者在研究中国扶贫问题时,更多关注的是实践中面临的问题与挑战。对国外相关研究,我们一方面要高度重视,吸收借鉴其积极成果,以进一步丰富深化关于中国扶贫实践的研究,提升理论的本土化水平。另一方面也要保持清醒,对国外学者的误读误解,要针锋相对地予以回应。这样才能讲好中国扶贫脱贫故事,摆脱原先对外部学术的"学徒状态"③,真正形成具有中国特色的话语和主张。

总而言之,当前国内外学界关于改革开放以来区域扶贫协作的研究,虽然起步较晚,但发展较快,且近年来热度不断提高。相关研究尽管取得了一定成果,但仍存在进一步完善的空间。具体说来,主要体现在以下三个方面:第一,历史过程梳理不够完整。虽然有研究成果对区域扶贫协作的历史发展演变过程进行了回溯,但大多是对政府文件的列举和介绍,比较简略,对协作过程中具体内容的分析不够深入。第二,研究视角、方法相对单一。现有研究无论是偏重理论分析还是案例解读,都或多或少存在研究视角和方法上的局限性。扶贫是一个涉及社会科学领域众多学科的综合性问题,区域扶贫协作可以也应当在历史学梳理的基础上,从经济学、政治学、社会学等多个角度予以审视。第三,研究对象需要聚焦。整体上看,从区域经济发展角度,

---

① Björn Gustafsson and Wei Zhong, "How and Why Has Poverty in China Changed? A Study Based on Microdata for 1988 and 1995", *The China Quarterly*, No. 164, 2000, pp. 983 – 1006.
② 《世界银行1981年世界发展报告》,北京:中国财政经济出版社1983年版,第103页。
③ 参见吴晓明:《论中国学术的自我主张》,载《学术月刊》,2012年第7期。

研究广义上的东西合作的研究成果众多，但鲜见聚焦扶贫协作的成果；从中国共产党治国理政角度，研究整体扶贫理论和政策的研究成果也颇为不少，但高度聚焦区域协作的成果却较少。

三、相关概念界定

在正式展开关于改革开放以来区域扶贫协作的研究和讨论之前，有必要厘清几个重要的前置性概念。明晰"贫困""扶贫"和"区域扶贫协作"这三个逐层深入的概念，是理解本书的前提和基础。

（一）贫困

贫困，即贫苦困乏。但仅仅停留在这种简单的认识上还远远不够，应当从内涵、表现和成因三个维度来深化对贫困概念和类型的理解。

从内涵来看，贫困可以分为狭义上的贫困和广义上的贫困。狭义的贫困从人的物质需要角度出发，指最基本的生存需要得不到满足，威胁到生命延续的状态，其最直接的表现是经济收入严重不足。广义的贫困则从人的权利能力角度出发，不仅仅包含经济领域的谋生需要无法得到满足的状态，还包括政治、文化、社会意义上的权利和能力因为种种原因部分受损或完全丧失的情况。

对贫困的理解由狭义扩展到广义，得益于1998年诺贝尔经济学奖得主阿玛蒂亚·森。他从获得性角度出发，指出："贫困必须被视为是一种对基本能力的剥夺，而不仅仅是收入低下，而这却是现在识别贫困的通行标准。"[①]从单纯物质领域到非物质领域，森的这种理解无疑是对贫困认识的深化，也使得许多国际组织开始重新审视对贫困的定义，更加侧重对贫困人口权利和能力方面的保护。按照世界银行的说法，"当某些人、某些家庭或某些群体

---

① [印] 阿玛蒂亚·森：《以自由看待发展》，任赜、于真译，北京：中国人民大学出版社2002年版，第85页。

没有足够的资源去获取他们那个社会公认的，一般都能享受到的饮食、生活条件、舒适和参加某些活动的机会，就是处于贫困状态"。① 1990 年，世界银行更是将贫困问题作为整篇报告的主题，并将贫困定义更新为"缺少达到最低生活水准的能力"②。联合国开发计划署公布的《2010 年人类发展报告》进一步提出，要利用多维贫困指数（MPI），以三个维度和十个具体指标为标准，对世界各国的贫困水平进行评估和分析。③

按照不同的贫困标准，贫困可以分为绝对贫困和相对贫困，这也是贫困最基本的分类方式。绝对贫困就是低于社会公认的维持人体生存最低指标的一种贫困状态，换言之，就是时刻处于难以度日的危机中。但这个维持生存的指标究竟是多少，即使在纯粹的生物学意义上，恐怕也是因人而异，很难有一个固定值。如果分析中加入时空因素考量，贫困就更是一个动态的相对概念，不存在一个绝对固定的标准。从纵向上看，同一地区在其经济社会发展的不同阶段，贫困的概念会不断变化。从横向上看，不同国家或同一国家的不同地区之间，对贫困的界定也不尽相同。尽管如此，为了准确反映一定区域内贫困人口的数量和他们的生活状况，进而制定针对性的减贫措施，有必要划定一个科学合理的贫困标准，这个标准就是贫困线。国际上确定贫困线的方法很多，主要包括食品能量法、最低收入比例法、恩格尔系数法等。

相对贫困是比较意义上的贫困，指在某一特定时期内不同社会成员之间或不同地区之间的状态差异，相对而言生活水平最低下的人口和地区即被判定为相对贫困。比如，有些国家将低于全国平均收入 40% 的人口归为贫困人口，世界银行则提出收入只要低于全体社会成员平均收入的三分之一，即可认定为相对贫困人口。从这个意义上说，受到生产力水平的制约，在人类社

---

① 《世界银行 1981 年世界发展报告》，北京：中国财政经济出版社 1983 年版，第 24 页。
② 《世界银行 1990 年世界发展报告》，北京：中国财政经济出版社 1990 年版，第 26 页。
③ 其中健康维度包括营养状况和儿童死亡率 2 个指标；教育维度包括受教育程度和儿童入学率 2 个指标；生活维度包括饮用水、电、日常生活用燃料、室内空间面积、环境卫生和耐用消费品 6 个指标。参见高考、年旻：《多维贫困视角下的精准扶贫研究》，武汉：华中科技大学出版社 2018 年版，第 8 页。

会无法实现无差别绝对平等的情况下，相对贫困在绝对意义上持续存在。

按照不同的致贫原因，贫困可以分为普遍性贫困、制度性贫困、区域性贫困和阶层性贫困四类。普遍性贫困是指在一个国家在社会经济整体不发达的前提下，由于资源供给总量有限，全体或大部分社会成员普遍处于贫困状况之中。制度性贫困是指由于特定社会制度产生了资源分配不平等，进而导致部分区域、群体或个人处于贫困状态。区域性贫困是指在相同的制度背景下，不同区域之间由于自然条件、资源禀赋等方面差异，导致某些区域发展相对滞后，贫困人口相对集中。阶层性贫困是指在相同的制度背景和区域环境下，由于某些群体和个人自身身体素质、文化程度等方面的能力较差，导致阶级或阶层分化日益加剧，落后阶层在获取资源的竞争中处于不利地位，进入贫困状态。这几种贫困类型，由宏观到微观，由群体到个人，分别体现了整体生产力水平、社会制度、区域环境、个体特质等因素和贫困发生的关联性。这也从另一个角度展现出贫困问题的极端复杂性，涉及社会发展的方方面面。

中国政府对贫困的认识，随着社会发展经历了一个逐步深化的过程。一开始，无论是理论上还是实践中，贫困主要从经济意义上被理解认识，偏重于绝对贫困的维度。1989 年，国家统计局农调总队认为贫困就是"个人或家庭依靠劳动所得和其他合法收入不能维持其基本生存需求"[①]。扶贫开发起步阶段的许多工作，就是在这一定义指导下展开的。随着我国经济社会发展特别是改革开放持续推进，对贫困的认识不断深化，多维贫困、相对贫困等理解更多被纳入贫困问题的话语体系之中。一个总体趋势是，扶贫方式由救济式向开发式转变，越来越强调激发贫困人口的内生动力。党的十八大以来，习近平总书记提出的"志智双扶"继承和发展了对于贫困的理解，指出"贫困群众既是脱贫攻坚的对象，更是脱贫致富的主体"[②]。特别需要说明的是，2020 年在中国实现消除绝对贫困，这是一个硬性约束和庄严承诺，并已经如

---

① 国家统计局农调总队：《中国农村贫困标准研究》，载《统计研究》，1990 年第 6 期。
② 习近平：《在打好精准脱贫攻坚战座谈会上的讲话》，载《求是》，2020 年第 9 期。

期实现。但绝对贫困现象消除后,相对贫困现象还将在我国长期存在。

综上所述,贫困是一个内涵深刻、外延广泛、类型多样的复杂概念,很难给出一个普遍认同的定义。古今中外许多思想家从不同角度出发,对贫困问题进行了大量研究思考,提出过不计其数的贫困定义。贫困类型多种多样,贫困成因千差万别,在领会其基本含义的基础上,科学全面地认识贫困,更需要具体问题具体分析的思维方法。正所谓贫有百样,困有千种,只有精准施策,才能科学地认识贫困现象,有针对性地解决贫困问题。本书主要回顾改革开放以来区域扶贫协作发展的历程,因而主要是在绝对贫困的意义上展开论述。

(二) 扶贫

扶贫,是中国政府主导下,充分调动社会资源力量,帮助贫困地区和贫困人口,实现发展生产、摆脱贫困的一种社会工作。如果说贫困是一个各国都需要面对的世界性难题,国外更多采取的是"减贫""反贫困""消除贫困"等提法,那么"扶贫"虽然在本质上也是一种反贫困的表达,但一个动词"扶"更彰显出中国特色。

如前所述,贫困表现为人无法满足基本的生存需要,其根源在于权利和能力上的欠缺。因此从本质上看,想要彻底摆脱贫困状态,除了收入提升这一直接指标外,机会和能力二者也缺一不可,这也是给贫困者以扶持的必要性所在。扶贫是一种满足贫困者需要、维护贫困者正当权利、提升贫困者能力的实践活动。扶贫有广义和狭义之分。在中国,狭义上的扶贫是指政府主导的开发式扶贫,即通过各种政策措施,帮助贫困地区和贫困人口改善基本生活条件,提高贫困地区资源开发的水平和效益,增加贫困人口的自我积累、自我发展能力以摆脱贫困的工作。[1] 严格来说,这种狭义上的开发式扶贫不包括兜底性的社会救济在内。广义上的扶贫指一切以帮助贫困人口摆脱贫困提高生活质量为目的的实践活动,既包括开发式扶贫,也包括救济式扶贫,

---

[1] 文建龙:《中国共产党与中国扶贫事业改革开放以来扶贫重心转移的路径与动因》,北京:社会科学文献出版社2018年版,第52页

还包括整体上提升社会生产力的战略举措,因为它们可以通过"涓滴效应"对消除贫困产生积极效果。①

在我国,就目前所见的扶贫工作文件来看,"扶贫"一词最早出现在1979年2月23日民政部发布的《民政部转发黑龙江省民政局、肇东县民政科联合工作组关于太平公社扶贫工作的调查报告》(民发〔1979〕14号)中。在此之前,党和国家的文件中,多采用"扶持贫困户""扶持贫困地区发展"等说法;在此之后,"扶贫"在各种文件中出现的次数开始增加。实际上,改革开放之前尽管尚无"扶贫"的提法,但党和政府已经采取过许多措施,提高农村的生产力水平,提升农民的生活质量,因而迎来了一次较大规模的贫困缓解。这些措施并非主要出于扶贫开发的目的,而是从整体上对国民经济的恢复和发展。由于种种原因,直到改革开放后,随着对贫困问题的认识愈加系统,政策安排愈加合理,中国的扶贫才逐渐正式步入有计划、有组织的轨道。

(三)区域扶贫协作

所谓区域,是地表任一地区的指称,其自然和人文环境与周围地区有显著差异的特征。换言之,是依照某项标准,从整体中划分出的代表性局部。协作,是协调合作之意。协作是生产分工的客观要求,分工协作可以推动生产力进步,而生产力进步又会反过来促进协作。马克思在《资本论》第一卷中提出:"许多人在同一生产过程中,或在不同的但互相联系的生产过程中,有计划地一起协同劳动,这种劳动形式叫做协作。"②

区域协作是经济学中的常见概念,也是学界研究思考的焦点问题。放眼世界,经济全球化是历史大势,时代潮流,任何国家都不能孤立于区域经济

---

① 涓滴效应(trickle-down effect,又译为渗漏效应、滴漏效应),由美国经济学家赫希曼(Hirschman)提出,是指在经济发展过程中,不给予贫困阶层或落后地区特殊的优待,而是由优先发展的地区和群体,通过消费、就业等渠道,带动落后地区和贫困群体发展和富裕起来。

② 《马克思恩格斯文集》(第5卷),北京:人民出版社2009年版,第378页。

合作的大势之外。在我国，改革开放要毫不动摇地坚持下去，不可能有一个地区通过自给自足的封闭式发展道路成为发达地区。因此，在发挥各自区域优势的基础上，开展广泛的经济协作，是全面建成小康社会的必然要求，这种协作不仅有利于贫困地区摆脱贫困，也有利于实现区域协调发展。

中国的贫困问题具有较强的区域性特征。我国的区域扶贫协作，就是以区域协作为形式，以摆脱贫困为目标，由中央政府主导推动，地方各级政府积极联动的一项重大政策。贫困成因往往是多维的，区域性贫困是贫困重要成因之一。在相同的制度背景下，贫困地区发展面临重重困难导致落后。从硬件上看，这些地区生态环境脆弱、基础设施落后、资源开发困难、产业结构单一；从软件上看，这些地区信息通信闭塞、思想观念落后、社会服务薄弱、人才外流严重。

改革开放以来，在党的坚强有力领导下，中国综合国力大幅跃升，创造了世所罕见的"中国奇迹"2023年，我国人均国民生产总值达89358元，比1978年的385元增长了约232倍，年均增长8.0%。① 与此同时，经济发展的区域差距，特别是东部沿海地区和中西部地区间差距形成了全面建成小康社会的"短板"。

贫困地区的发展尽管不利条件众多，但也具备一些相对发达地区不具备的优势，在适当的协作方式下，可以实现帮扶方和受助方的双赢。贫困地区大多拥有巨大的自然资源潜力、广阔的市场成长空间、低廉的人力物力成本，这对于需要进行产业调整和转型的相对发达地区而言，都是不可多得的重要机遇。

一般认为，贫困地区是贫困人口集中分布地区，受到自然、历史、文化、经济、社会等各种因素制约，这些地区资源开发能力薄弱，基础设施建设落后，收入水平和生活质量同全国平均水平相比明显偏低。1986年，为了有效推进扶贫开发工作，中央政府第一次以县为单位划分贫困地区，划定出699

---

① 国家统计局：《中国统计年鉴2024》，北京：中国统计出版社2024年版，第4—5页。

个贫困县,其中国家级贫困县 331 个,省级贫困县 368 个。后来随着扶贫事业的有序推进,贫困县的标准、称谓和数量历经多次调整。但整体而言,大都集中于老少边穷地区,底子薄、条件差、脱贫难度大,是这些贫困县普遍长期面临的困境。直到 2011 年,指导脱贫攻坚的纲领性文件《中国农村扶贫开发纲要(2011—2020 年)》中,确定了 14 个集中连片特困地区①为脱贫攻坚的主战场。从这些地区的分布不难发现,区域发展不平衡、深度贫困地区集中分布的问题依然相当突出。

改革开放以来的区域扶贫协作,随着时代任务变化,经历了不断丰富发展的过程。当前,这一概念的外延相当广泛。广义来看,有助于完成脱贫攻坚任务的区域间协作都可以纳入讨论范畴。狭义来看,区域扶贫协作主要包括东西扶贫协作和对口支援两项内容,这二者间既有区别又有联系,在各种政策文件中往往被一同提及。从历史上来看,对口支援诞生较早,长期存续且形式多样,东西扶贫协作 1996 年才正式定型为一项制度,但更聚焦于实现扶贫目标。本书在第二章中,集中阐释对口支援这一区域扶贫协作的早期形态,并论及对口支援的其他形式。关于 1994 年至 2011 年间的对口支援,在该章中也有所涉及。在第三章中,以东西扶贫协作的确立过程和主要内容为中心展开论述,不再讨论区域扶贫协作的其他形式。这样的结构安排和论证思路,比较符合区域扶贫协作的发展特征,也可以在一定程度上突出重点、避免重复。

综上所述,区域扶贫协作既是一个战略选择,也是一种制度安排,还是一项政策举措。如果要给以东西部扶贫协作和对口支援为主要内容的区域扶贫协作下一个定义的话,《关于进一步加强东西部扶贫协作工作的指导意见》的概括颇为精准:"东西部扶贫协作和对口支援,是推动区域协调发展、协

---

① 国家将六盘山区、秦巴山区、武陵山区、乌蒙山区、滇桂黔石漠化区、滇西边境山区、大兴安岭南麓山区、燕山—太行山区、吕梁山区、大别山区、罗霄山区等区域的连片特困地区和已明确实施特殊政策的西藏、四省藏区、新疆南疆三地州等地作为扶贫攻坚主战场。参见国务院:《中国农村扶贫开发纲要(2011—2020 年)》,北京:人民出版社 2011 年版。

同发展、共同发展的大战略,是加强区域合作、优化产业布局、拓展对内对外开放新空间的大布局,是打赢脱贫攻坚战、实现先富帮后富、最终实现共同富裕目标的大举措。"①

四、结构思路与研究方法

(一)结构思路

本书研究框架的设计理念可以概括为"两条线索"和"一个中心"。"两条线索"就是从理论与实践、历史与现实两个层面,来探讨中国共产党的区域扶贫协作战略与中国实际扶贫工作的关联与互动,思考中国共产党领导革命、建设和改革中的既有经验对其执政决策的影响与塑造。"一个中心"就是对改革开放以来区域扶贫协作发展历程的全景回顾与理论经验的系统总结。具体说来,研究内容主要分为绪论、五章正文和结语。

绪论部分:主要介绍选题缘由与意义、相关研究现状、主要概念界定、研究思路方法、创新点和不足之处。

第一章:探讨区域扶贫协作的理论渊源和现实背景。开展区域扶贫协作,符合马克思主义经典作家关于贫困问题和共同富裕追求的思考,继承了民主革命时期协调区域发展的积极做法,借鉴了国外解决局部地区贫困问题的理论经验。区域扶贫协作的形成,有必要性、可能性、紧迫性三个方面的现实背景。

第二章:考察 1978—1993 年间,对口支援这一区域扶贫协作的早期形态。1979 年,在认识国情的基础上,对口支援政策被正式提出。作为一种中央主导下地方政府间的合作模式,它经历了由救济式扶贫到开发式扶贫的演变。在取得一定成效的同时,也留下了改进完善的空间。

---

① 《关于进一步加强东西部扶贫协作工作的指导意见》,载《人民日报》,2016 年 12 月 8 日,第 1 版。

第三章：考察1994—2011年，东西部扶贫协作这一区域扶贫协作的主要政策。1994年，国家出台《国家八七扶贫计划》，初步提出了东西对口帮扶的政策要求。1996年，这一制度正式诞生并开始发挥实际作用。2001年起，《中国农村扶贫开发纲要（2001—2010）》标志着区域扶贫协作进入了以建设小康社会为导向的发展阶段。通过产业合作、资金支持、人才交流、劳务输出等多种形式的协作，中国"三位一体"的大扶贫开发格局初步形成。

第四章：考察2012年至今区域扶贫协作战略的新变化、新效果。党的十八大以来，扶贫工作被置于前所未有的战略地位。在打赢全面脱贫攻坚战的大背景下，区域扶贫协作战略也应时而变，进行了理论创新与实践突破。从经济学、政治学、社会学等多个学科视角审视，对这一战略的意义有更加全面深刻的认识。

第五章：对前述历史进程进行理论总结与提升，将相关的经验启示分为工具层面和理念层面。为避免陷入空谈，在具体操作层面，以闽宁协作这一范本为例，解析其发展过程，力求见微知著。从资金、资源、产业、人才等几个方面，分析区域扶贫协作的经验与启示。在抽象理论层面，回顾历史、展望未来，探讨包括区域扶贫协作在内的中国扶贫事业的显著特征。

结语部分：简要总结区域扶贫协作四十余年的发展历程，多角度深化对这一战略的认识，指出当前中国扶贫工作实际中面临的困难和问题，反思其不足之处和改进方向，为推进消除绝对贫困后实施乡村振兴战略提供些许思考。

（二）研究方法

在坚持辩证唯物主义和历史唯物主义根本方法指导下，遵循以下具体的科学研究方法：

一是文献研究法。文献研究是指通过搜集整理同研究内容相关的文献，为文章提供详尽资料和坚实基础。傅斯年先生曾有名言"上穷碧落下黄泉，动手动脚找东西"。本着尊重历史、尊重事实的原则，尽可能详尽地搜集整理和选题相关的材料，为研究提供可靠的史料支撑，这也是本书最基础的研究方法。

二是比较研究法。在不同历史时期，区域扶贫协作包含不同的具体内容，呈现出不同形态，可以在时间轴上构成纵向对比，体现出中国共产党一脉相承又与时俱进的政策特点。在某一特定时期，不同地区之间具体的扶贫协作方式中，除了一些共性之外，也存在着适应当地实际情况的特殊性，可以在横向形成对照，展现出更为丰富的实践样态。

三是微观和宏观相结合的方法。扶贫问题内涵丰富，涉及政治学、经济学、社会学、教育学等多个学科。对改革开放以来区域扶贫协作的研究，也不能局限于单一学科视域，而应通过多学科对话，提升知识储备，拓宽研究视野。从本专业出发，本书坚持宏观研究与微观研究相结合，以定性研究为主。但在贫困人口收入状况改善等一些具体问题上，也不可避免地要运用一些简单的经济学定量方法，分析评估东西部扶贫协作实施过程的效果。同时，在分析区域扶贫协作的经验启示时，选取闽宁协作这一典型案例进行归纳总结，努力实现案例分析和系统分析的结合。

五、创新点和不足之处

（一）创新点

本书不敢妄言有多少创新之处，如果说有些许进步和新意的话，基于区域扶贫协作发展情况和现有研究状况，可能主要体现在以下三个方面。

一是研究对象的完整性。本书将力求全面展现改革开放以来中国共产党区域扶贫协作演变的历史过程。作为研究对象，改革开放以来的区域扶贫协作，既是一项战略思考，也是一种制度安排。本书以历史发展的时间顺序为主线，力求全面呈现它酝酿、产生、发展、演变的一系列历史进程，在过程中准确把握其主要内容和发展趋势。

二是研究视角的多样性。本书希望从不同学科的视角出发，深化对区域扶贫协作战略的认识。从当前学术界已有的研究成果来看，不同学科都对扶贫这一热点问题相当关注，研究成果颇丰。在全面梳理区域扶贫协作历史过程的基础上，本书从经济学、政治学、社会学等多种学科角度出发，对区域扶贫协作意义进行了深入的分析与思考。这种呈现可能并不完善专精，希望对推进相关研究视角的多样化能有所助益。

三是历史逻辑的贯通性。历史发展具有延续性，对于中国共产党这样一个历经重重考验逐渐发展壮大的政党而言，更是不能丢掉自己的历史。既有研究较少关注到，改革开放以来区域扶贫协作的出现，继承了中国共产党在民主革命时期协调区域发展的优良传统。特别是在革命战争时期，反对山头主义、增强中央权威的一些积极做法，被创造性地迁移到领导经济建设的过程中。

（二）不足之处

本书的不足之处主要体现在以下两个方面：

一是资料的收集和整理。现有关于这一问题的资料，总量为数不少但大多是政策法规等文件材料，实际落实情况方面的论述较少。另外，关于闽宁协作这一典型案例，材料相对丰富但有待进一步归纳整理。本书力图从历史发展的角度呈现改革开放以来区域扶贫协作演进的全貌，在政策落实层面还需要挖掘补充更多资料。

二是理论的总结与升华。关于改革开放以来区域扶贫协作的发展历程，虽然不够全面完整，但学界对其基本状况和主要脉络已有一定的研究。因此，除了进一步丰富完善对历史进程的梳理之外，如何放宽视野博采众长，增强研究的理论性，是本书努力的方向。受限于能力水平，这方面的工作仍有不足。

第一章 区域扶贫协作的理论溯源与现实背景

第一节 区域扶贫协作的理论溯源

任何理论的产生,都要吸收前人思想理论中的精华。任何决策的制定,也需要理论层面的论证和支撑,不会凭空产生。改革开放以来的区域扶贫协作,有其深厚的理论渊源。具体追溯这一渊源,主要包括三个方面的内容:一是马克思主义经典作家反贫困理论中的思想精华,二是改革开放之前中国共产党革命建设历史中的经验总结,三是国外分析应对贫困问题经验中的合理成分。

(一) 马克思主义经典作家反贫困理论中的思想精华

反贫困是马克思主义的重要价值向度之一。马克思主义追求最终实现人的自由全面发展,彻底消灭贫困问题是共产主义社会的应有之义。从马克思、恩格斯开始,马克思主义经典作家对无产阶级和劳动人民的贫苦生活都高度关注、充满同情,并注重从制度层面出发,消除贫困产生的根源,实现人类彻底的解放。

1847年，马克思专门写就《哲学的贫困》，有力抨击了蒲鲁东关于贫困的错误主张。蒲鲁东在《贫困的哲学》开篇提出，"在讨论这部新著作对象的问题以前，我需要先就一个假设作些说明，这就是关于上帝的假设。无疑，这个假设看起来非常奇特，但是，离开这个假设，我的论述就无从进行，也无法为人所理解"①。在探究贫困问题时，将上帝的存在作为立论前提，这里蒲鲁东显然尚未脱离传统宗教神学的基本观点。马克思则认为，贫困群体经济生活的窘境只是表象，而非问题的症结所在。产生贫困的根源在于阶级压迫，想要彻底摆脱这种压迫，不能依靠温和的政策调整，而是要通过彻底革命摧毁资本主义制度，实现劳动阶级的解放。"被压迫阶级的解放必然意味着新社会的建立。要使被压迫阶级能够解放自己，就必须使既得的生产力和现存的社会关系不再能够继续并存。""劳动阶级解放的条件就是要消灭一切阶级。"②《哲学的贫困》标志着马克思主义新世界观的第一次公开问世，在马克思主义发展史上具有重要地位。

在《英国工人阶级状况》中，恩格斯生动地描述了工人阶级的悲惨境遇，这些描述今日读来仍给人以巨大震撼。"真正令人发指的，是现代社会对待大批穷人的态度……各种各样的灾害都落到穷人头上。城市人口本来就过于稠密，而穷人还被迫挤在一个狭小的空间。他们不仅呼吸街上的污浊空气，还被成打地塞在一间屋子里，他们在夜间呼吸的那种空气完全可以使人窒息。给他们住的是潮湿的房屋，不是下面冒水的地下室，就是上面漏雨的阁楼。为他们建造的房子不能使恶浊的空气流通出去。给他们穿的衣服是坏的、破烂的或不结实的。给他们吃的食物是劣质的、掺假的和难消化的。这个社会使他们产生最激烈的情绪波动，使他们忽而感到很恐慌，忽而又觉得有希望，人们像追逐野兽一样追逐他们，不让他们得到安宁，不让他们过平

---

① ［法］蒲鲁东：《贫困的哲学》（上卷），余叔通、王雪华译，北京：商务印书馆2010年版，第1页。
② 《马克思恩格斯文集》（第1卷），北京：人民出版社2009年版，第655页。

静的生活。"① 同时，他在文中也揭示了一个关于贫困的基本事实："工人阶级处境悲惨的原因不应当到这些小的弊病中去寻找，而应当到资本主义制度本身去寻找。"② 不难发现，马克思和恩格斯将贫困的根源归结为资本主义制度下的异化劳动，工人被迫沦为机器和资本的奴隶。这种从制度层面挖掘贫困发生的根源，并力图从根本上摧毁资本主义制度以消除贫困的思路，是马恩思想的共同点，也奠定了马克思主义反贫困理论的基调。

列宁进一步发展了马恩的反贫困理论，强调解决贫困需要更加坚决地同资本主义进行斗争。"工人们已经不能不看出：是资本在压迫他们，必须同资产阶级这个阶级进行斗争。"③ 另外，他还突破传统思想局限，针对俄国经济落后的国情，通过新经济政策代替战时共产主义政策，恢复发展生产力，极大改善了农民的生活条件。

马克思主义经典作家的上述论述表明，贫困问题一直是马克思主义理论关照下的重点问题，从某种意义上讲，共产主义是马克思主义视域下贫困问题得以根本解决的终极方案。以马克思主义为指导思想的中国共产党，在逐步成熟的历史进程中，坚持和发展了马克思主义的反贫困理论，将实现共同富裕作为其本质要求。在理论上重视反贫困对社会公平正义的重要意义，在实践中积极推进减贫事业，赢得了人民群众的衷心支持。

关于区域扶贫协作的设想，在马克思主义经典作家的著述中也可以找到一些萌芽，尽管相关表述和今日中国之情状有较大的时空距离。在马恩生活的时代，区域发展之间的差异，集中表现为城乡差距，这也成为他们关注的一个重要问题。早在《共产党宣言》中，马克思、恩格斯就提出了"把农业和工业结合起来，促使城乡对立逐步消灭"的思想，并认为彻底消灭工农之间、城乡之间、脑力劳动与体力劳动之间的三大差别，是实现共产主义的重要前提。他们提出，在资本主义社会中，由于资本具有逐利性，整个社会生

---

① 《马克思恩格斯文集》（第1卷），北京：人民出版社2009年版，第410—411页。
② 《马克思恩格斯文集》（第1卷），北京：人民出版社2009年版，第368页。
③ 《列宁选集》（第1卷），北京：人民出版社2012年版，第80页。

产存在混乱失序的弊病,从而造成区域间经济发展极不平衡。这种情况只能在具有计划经济特征的社会主义制度下才可能得到解决。"只有按照一个统一的大的计划协调地配置自己的生产力的社会,才能使工业在全国分布得最适合于它自身的发展和其他生产要素的保持或发展。因此,城市和乡村的对立的消灭不仅是可能的,而且已经成为工业生产本身的直接需要,同样也已经成为农业生产和公共卫生事业的需要。"① 不难看出,从整体上实现区域之间的协调平衡发展,是社会主义较之资本主义的一大进步,无论是对于提高生产力水平,还是推进城乡融合进程,都具有积极作用。

十月革命前后的俄国,虽然幅员辽阔,但经济文化发展较欧洲相对落后,城乡差别过大的问题更为严重。列宁重视城乡对立问题,并进一步提出了城市需要支援农村的主张。他认为这种支援"是城乡关系的一个基本政治问题,对于我们的整个革命有决定的意义"②。具体而言,他要求在双方平等互助原则的基础上,城市应给农村提供三个方面的援助:一是解决农业人口流入城市后的就业问题,二是为工农业产品正常交换创造便利,三是为农村提供技术和文化上的支持。通过提倡城市帮扶农村,列宁领导俄国人民在一定程度上缓和了城乡之间的对立关系,稳定了生产生活秩序,巩固了来之不易的苏维埃政权。这些理论思考和实践举措,对于我们当前缩小区域发展差距的探索,仍有一定的参考价值。

(二) 中国共产党革命建设历史中的经验总结

在马克思列宁主义指导下的中国共产党,从成立之时起就秉持着"为中国人民谋幸福,为中华民族谋复兴"的初心使命,希望带领国家走出贫困落后的局面。沿着先实现"国家独立、人民解放",再实现"国家富强、人民富裕"的路径,党带领人民创造了彪炳中华民族史册的伟大奇迹。

长期的革命战争锤炼了中国共产党,也不可避免地会对中华人民共和国

---

① 《马克思恩格斯文集》(第9卷),北京:人民出版社2009年版,第313页。
② 《列宁选集》(第4卷),北京:人民出版社2012年版,第765页。

成立后的制度沿革产生影响。回顾党领导革命、建设的历史，各个根据地在分散隔绝的客观条件下，努力克服山头主义，着眼大局、团结协作是一项优良传统。开展区域扶贫协作，可以视为在新的历史条件下，对这一优良传统的继承和发展。

纵观整个民主革命时期，根据地建设是中国共产党开展的一项主要活动，也是工农武装割据革命道路的重要组成部分。从土地革命战争时期、抗日战争时期再到解放战争时期，根据地不断发展壮大的过程中，虽然曾出现过有损于集体统一领导的山头主义，但得到了积极引导和有效克服。

反对山头主义，首先要承认山头的存在，并客观分析山头主义产生的原因。在全国政权尚未建立之前，各根据地之间情况不尽相同，需要相对独立地处理内部事务，不可避免地将会形成各自的斗争思考方式、人际关系网络。毛泽东提出，要客观承认这一实际情况，并适当照顾山头，待到交通等条件成熟后，才能达到最终消灭山头的目的。这种照顾，主要体现在人事安排上，充分考虑各个方面的代表性。1945年党的七大期间，在选举中央委员会的过程中，就照顾到了各方面的意见。至于山头主义出现的原因，用毛泽东的话来说就是"中国小资产阶级的特别广大和长期被敌人分割的农村根据地，而党内教育不足则是其主观原因"①。

虽然山头客观存在的事实短时间内难以改变，但从革命大局来看，山头主义不利于维护党的团结统一，需要加以克服。因此在延安整风中，党运用科学方法，集中开展了反对山头主义的斗争。一方面，从观念上强调从人民的根本利益出发，从党的全局出发，而不是局限于小团体的利益。毛泽东提出，"我们讲团结，是从团结全党出发，不是从团结一个山头出发，不是从团结小部分人出发"。②另一方面，从制度上强化党的一元化领导，坚持完善民主集中制，将可能出现的山头主义扼杀在萌芽状态。1948年1月，毛泽东为中共中央起草《关于建立报告制度》的党内指示，明确要求各中央局和分局，

---

① 《毛泽东选集》(第3卷)，北京：人民出版社1991年版，第940页。
② 《毛泽东文集》(第3卷)，北京：人民出版社1996年版，第257页。

由书记负责，务必亲自动手，每两个月向中央和中央主席作一次综合报告；各野战军首长和军区首长，除了随时报告请示作战方针之外，还必须每两个月作一次政策性的综合报告和请示。① 之后，又陆续发布了《关于建立报告制度的补充指示》《关于严格遵守请示报告制度的指示》等一系列命令，完善了这一制度。通过建立健全严格的请示报告制度，党中央对全国各根据地的情况能够及时掌握，针对性地进行指导，做到令行禁止，政令通畅。各根据地探索出来的先进经验，也可经由中央转发推广到全国其他根据地，形成示范效应。

通过整风运动，党内存在的山头主义倾向得到克服，党的凝聚力和战斗力进一步增强。在中央统一指挥调度下，物资装备、干部人才在各根据地之间的跨区域流动较为顺畅，实现了资源合理优化配置，从整体上增强了根据地的实力。

1949年10月1日，中华人民共和国成立。面对一穷二白、百废待兴的不利局面，刚刚经历过革命战争淬炼的中国共产党人，又迅速开始了对社会主义建设道路的艰辛探索。在内外交困的背景下，为了尽快改变国家自近代以来长期形成的积贫积弱的落后面貌，在苏联的援助和启发下，中国共产党确立了优先发展重工业的发展战略。

1956年底，通过对农业、手工业和资本主义工商业的社会主义改造，生产资料私有制转变为社会主义公有制，社会主义基本制度在我国建立起来。中国共产党带领全国人民走上社会主义道路，为从根本上解决中国贫困问题奠定了坚实的制度基础。邓小平对此有过精辟评价："建国以后，如果我们不搞社会主义，而走资本主义道路，中国的混乱状态就不能结束，通货膨胀、物价极不稳定、到处贫困落后的状态就不能改变。"②

在《论十大关系》中，毛泽东全面总结了我国社会主义建设的经验，标志着中国共产党开始比较系统地探索适合中国国情的社会主义建设道路。毛泽东曾在1960年的《十年总结》中对《论十大关系》的地位予以高度评价：

---

① 《毛泽东选集》（第4卷），北京：人民出版社1991年版，第1264—1266页。
② 《邓小平文选》（第3卷），北京：人民出版社1993年版，第63页。

"前八年照抄外国的经验。但从一九五六年提出十大关系起,开始找到自己的一条适合中国的路线。"① 在探索社会主义建设道路的过程中,反贫困是无法回避的一项任务。《论十大关系》中,在论及沿海工业和内地工业的关系时,他指出:"我国的工业过去集中在沿海。所谓沿海,是指辽宁、河北、北京、天津、河南东部、山东、安徽、江苏、上海、浙江、福建、广东、广西。我国全部轻工业和重工业,都有约百分之七十在沿海,只有百分之三十在内地。这是历史上形成的一种不合理的状况。沿海的工业基地必须充分利用,但是,为了平衡工业发展的布局,内地工业必须大力发展。"② 在对我国区域发展不平衡状况进行科学分析的基础上,他还提出了利用沿海工业设备、技术等方面的优势,支援内地工业建设的设想。

改革开放后邓小平提出,"搞经济协作区,这个路子是很对的。我主张不只是搞上海和山西两个经济协作区,也不要老是试点。老是在一些具体问题上试点,几年解决不了几个问题,这就太慢了。解放战争时期,毛泽东同志主张第二野战军和第三野战军联合起来作战。他说,两个野战军联合在一起,就不是增加一倍力量,而是增加好几倍的力量。经济协作也是这个道理"③。在这里,他将革命战争年代的经验创造性地迁移到经济建设之中,有力地论证了开展经济协作的重要性,大幅加快了区域经济协作的步伐,推动了改革开放事业,体现了独特的政治智慧和强大的理论思维。

(三) 国外关于应对贫困问题经验的研究中的合理成分

当今世界尽管并不安宁,但应当看到开放和多元是主流,和平发展、合作共赢是大势所趋。改革开放提供的一条重要经验就是,中国的发展离不开世界,闭关锁国只会导致落后。区域扶贫协作战略,也从国外关于贫困问题经验的研究中汲取了合理成分。这主要体现在两个方面:一是对"涓滴效

---

① 《建国以来毛泽东文稿》(第9册),北京:中央文献出版社1996年版,第213页。
② 《毛泽东文集》(第7卷),北京:人民出版社1999年版,第25页。
③ 《邓小平文选》(第3卷),北京:人民出版社1993年版,第25页。

应"理论的践行与超越,二是对国际援助经验教训的总结和借鉴。

涓滴效应(trickle-down effect,又译作渗漏效应、滴漏效应),由美国经济学家赫希曼(Hirschman)提出。涓滴,原意为"极少的水",这一理论是指在经济发展过程中,不给予贫困阶层或落后地区特殊的优待,而是由优先发展的地区和群体,增加财富总量,再通过消费、就业等渠道,带动落后地区和贫困群体发展和富裕。这种"顺其自然"解决贫困问题的思路,符合西方市场经济体制中不对经济运行进行过多干预的基本观点。

长期以来,这一理论的科学性备受争议。其支持者认为,由于经济活动具有难以将某些个人剥离在外的整体性,整个经济体产值的提升必然会惠及包括贫困人口在内的全体民众,就如同水滴向下流动一样自然而然,无须额外手段对贫困人口加以扶助。但其反对者也指出,在经济运行中同时存在一种"马太效应",即富者愈富,穷者愈穷。先富者在优先获得巨额财富后,不仅会将财富的"涓滴效应"压低到极致,还会把持生产关系中的优势地位,掌控致富的资源和手段。在富裕者的剥削和压榨下,贫困者能够获得的发展机会不是增多了,而是减少了,贫困问题不仅得不到缓解,反而会愈演愈烈。

事实上关于这一理论,支持和反对者的意见都有一定道理,但都不全面。前者本质上笃信纯而又纯的市场经济,完全丧失对富裕群体的监管,必然会带来贫富差距的不断扩大。后者仅仅看到"分蛋糕"的重要性,因此完全否定"做蛋糕"的合理性,也失之偏颇。应当指出,贫困问题极端复杂,注定不能仅仅通过整体上生产力的发展得以完全解决。但在公平正义的大原则下,如果政府能够积极引导并严格约束,特别是在经济发展的初期,"涓滴效应"在减贫事业中能够发挥的积极作用不容小觑。

回顾中国区域扶贫协作的发展历程,正是在社会主义公平正义的原则下,既充分发挥"涓滴效应"对于消除贫困的巨大作用,又注重防范两极分化风险,由此实现了对这一理论的践行和超越。结合改革开放前夕中国的实际国情,邓小平提出,在大力发展生产力的前提下,"先富带动后富,最终实现共同富裕",成为改革开放以来中国扶贫开发道路和理论体系的重要指导原则。从某种程度上来说,大力发展生产力以改变国家落后状况、提高人民生活水平,也就是希望充分发挥"涓滴效应"的作用。共同富裕是指部分地区、部分行业、部分人民利用各方面的优越条件,优先发展富裕起来,起到示范作用,再带动其他地区、其他行业、其他人民也富裕起来。共同富裕既不是同步富裕,也不是同等富裕。在这一过程中,党中央和政府必须坚持社会主义道路不动摇,既要帮助优势地区加速发展,也要注意保证劣势地区分享发展成果。在邓小平看来,效率与公平可以兼顾,发展生产力和共同富裕都是社会主义的原则,都要服从和服务于社会主义这个大的制度前提。

国际援助是指政府间(官方)双边和多边发展援助以及由非政府组织提供的私人(非官方)援助。① 从全球视野来看,贫困问题是世界性难题。相较于一国之内的不同地区的差距,不同国家之间的区域条件和发展程度差异更加显著,跨区域援助对消除贫困、增进人类福祉的意义更加重大。早在1984年,邓小平就指出,和平问题和南北问题带有全球性和战略性意义,贫富差距过大不利于世界整体发展,需要发达国家和不发达国家积极合作加以解决。"现在世界上北方发达、富裕,南方不发达、贫困,而且相对地说,富的愈来愈富,穷的愈来愈穷。南方要改变贫困和落后,北方也需要南方发展。"② 2015年,《2030年可持续发展议程》在联合国发展大会获得通过。该议程提出目标,到2030年之前在全球要彻底消除绝对贫困,将每天收入不足1.25美元的人数降至零。依据此标准,全球每年要保持减贫5000万人以上。对于极度落后的亚非拉地区而言,在没有外部援助的条件下,想要顺利实现这一目标几乎没有可能。

一般认为,国际援助发端于二战之后美国援助欧洲的马歇尔计划,该计划帮助欧洲各国以较快速度实现了战后经济的恢复和发展。从援助数额上看,

---

① 安树伟、季任钧:《国际援助经验及其对我国东西扶贫协作的启示》,载《西北民族研究》,2001年第3期。
② 《邓小平文选》(第3卷),北京:人民出版社1993年版,第96页。

美国始终是世界上最大的援助国。从援助动机上看,援助主要分为政治动机和经济动机。发达国家或追逐廉价的原材料与广阔的市场,或谋求政治军事上对受援国的控制干预,很少从纯粹人道主义的角度出发,不计回报地对落后国家进行援助。从援助形式上看,既有资金、技术上的援助,也有开发式的项目援助。随着时间发展,充分利用受援国资源禀赋,以项目援助为主的综合援助在不断增多,也更受到受援国欢迎。

国际援助为我国开展区域扶贫协作提供了正反两方面的经验。从正面看,国际援助已有几十年的历史,也不乏成功案例,但国际上南北发展差距不仅没有缩小,反而扩大了。据有关统计,现在世界基尼系数已经达到0.7左右,超过了公认的0.6"危险线"。缩小贫富差距,实现各国共同发展,是全世界人民的积极追求。相较于政治动机更强的双边援助,在国际组织主导下的多边援助覆盖面更广,附加的政治条件较少,援助项目规划也往往更具实效。这些国际援助的情况对我国区域扶贫协作的启示是:要在长期坚持的基础上,强化中央层面的统一协调和监管。在区域发展不平衡的矛盾依然存在的前提下,区域扶贫协作注定是一项长期性的工作,不能急于求成、人为地吊高胃口。同时由于援助方和受助方大都是同一级别的行政单位,各地方之间的扶贫协作项目众多、形式多样,权责关系需要理顺,需要强有力的中央政府从更高的层面统一协调并严格监管,切实提升扶贫协作的实效。

从反面看,发达国家对落后国家的援助,大都从本国利益出发,带有政治经济方面的附加条件,受援国往往要不情愿地背负强加的义务,实现发展和维护独立性似乎"不可得兼"。这背后的逻辑在于,援助国在国际社会中处于主导地位,而受援国在坚持自身事务不受干涉的前提下,能够回馈给援助国的利益极其有限。长期单向度的利益输出状态注定是不可持续的,只有努力实现双赢才是长久之计。这对我国区域扶贫协作的启示是:应当在互惠互利的前提下,不断拓展协作领域。通过丰富和创新扶贫协作的形式,使发达地区也能从协作中获得有利于自身发展的实惠。如果将协作领域进一步拓展开来,不发达地区的资源、环境等方面的比较优势能得到进一步发挥,发达地区也就能得到更为丰富的正向反馈。在互惠互利的基础上，援助方和受助方可以实现良性互动，这有利于建设和巩固更加长期稳定的协作关系。

第二节 区域扶贫协作的现实背景

理论价值需要在与实践的互动中得到彰显。在制定区域扶贫协作决策时重要的是基于中国的客观实际。具体而言，我国区域扶贫协作的形成，有必要性、可能性、紧迫性三个方面的现实背景。

（一）必要性：中国的贫困问题具有突出的区域性特征

作为一个农业大国，中国的贫困问题主要集中在农村。相较于20世纪90年代中后期伴随着经济转型出现的城市贫困问题，农村贫困的历史更长，形势更为严峻。按照东、中、西部三大经济带的划分①，中西部的广大地区，特别是西南和西北的部分省区，集中了大部分的贫困人口。据2003年的统计，2900万农村绝对贫困人口中，有15.5%分布在东部地区，35.5%分布在中部地区，西部地区占49%。② 从整体上看，我国经济发展不平衡、地区差距大、个别地方发展不充分，是具有普遍性的现象。可以预见，在未来一段历史时期内，这种现象不会出现大的变动。

冰冻三尺非一日之寒，造成我国区域性贫困的原因是长期的、多重的。概括而言，包括以下五个方面。

---

① 这种划分在"七五"计划中提出，按经济技术发展水平和地理位置相结合的原则，全国划分为三大经济带。东部沿海经济带包括辽宁、河北、北京、天津、山东、江苏、浙江、上海、福建、广东、广西、海南等12个省区；中部经济带包括吉林、黑龙江、内蒙古、山西、河南、安徽、湖北、湖南、江西等9个省区；西部经济带包括重庆（1997年成为直辖市）、四川、云南、贵州、西藏、陕西、甘肃、青海、宁夏、新疆等10个省区。

② 国家统计局农村社会经济调查总队编：《中国农村贫困监测报告2004》，北京：中国统计出版社2004年版，第12页。

一是自然条件。人类不能脱离自然环境而存在，生产生活受到自然条件的制约。片面强调地理环境和自然条件对人类社会发展决定性作用的"地理决定论"虽然不可取，但自然条件对区域发展的重要影响不容小觑。东部沿海地区以平原为主，地势平坦、土地肥沃、水源充沛、气候适宜，这些都是经济社会发展的有利因素。相较之下，中西部内陆地区以高原山地为主，地势崎岖、土地贫瘠、水源匮乏、气候恶劣，这些都是经济社会发展的不利因素。恶劣的自然条件直接影响人类的生存生产，增加了基础设施建设的难度，这种"先天不足"使得中西部地区在区位竞争中处于相对不利地位，更容易诱发贫困现象。

二是经济基础。同自然条件相联系，从历史上看，各地区开发建设有一个先后过程。东部地区开发较早，经济基础较为雄厚。中西部地区经济基础相对薄弱。近代以来，中国社会面临严重危机的同时，也酝酿着由传统社会向现代社会的转型，而这种转型有时间和空间上的双重渐进性。东部沿海地区更早开放，接触到了资本主义生产方式和世界市场体系，同中西部内陆地区之间的差距进一步拉大。1949 年，沿海 12 个省区集中了全国 70% 以上的工业产值，广大中西部地区大多仍处于自然经济主导的落后状态下。[①] 1978 年，东部地区 GDP 占全国 GDP 的比重为 50.22%，中西部地区 GDP 占全国 GDP 的比重分别为 29.00%、20.78%。[②] 东部地区面积不到全国的六分之一，但经济总量占据了全国的"半壁江山"。

三是产业结构。现代经济发展过程中，通过实现产业结构的优化升级，提升发展的水平和质量，是一条重要经验。中华人民共和国成立后，通过优先发展重工业，中国迅速完成了由传统农业国向工业国的转变。改革开放四十多年来，产业结构调整的步伐逐渐加快，第三产业规模不断扩大，比重持

---

① 中国科学院国情分析研究小组编：《机遇与挑战：中国走向 21 世纪的经济发展目标和基本发展战略研究》，北京：科学出版社 1995 年版，第 186 页。

② 数据来自国家统计局国民经济综合统计司编：《新中国六十年统计资料汇编》，北京：中国统计出版社 2010 年版。

续上升。1978年，我国第一、二、三产业占全国CDP的比重分别为27.7%、47.7%、24.6%。2019年，这一数据已变为7.1%、39.0%、53.9%。① 从各地区的产业结构来看，东部地区第三产业更为发达，产业结构相对合理，而中西部地区第一、二产业所占比重仍然较高。作为最发达的地区，北京、上海两大直辖市第一产业占地区GDP比重都只有0.3%，而第三产业比重超过70%，领跑全国。而集中连片贫困地区聚集的四川、云南、贵州、甘肃、青海、新疆等省份与自治区，第一产业的比重仍在10%以上。从全国整体分工格局来看，东部地区优势地位也相当稳固，因为它处于产业链上游，在获得中西部地区廉价资源的同时，还可以将产品销售出去。而中西部地区作为资源、原料和劳动力的主要供给源，在市场竞争中长期处于劣势地位。从理论上讲，产业转移可以逐渐缩小区域发展差距，但在单纯市场规律作用下，落后的中西部地区即使承接东部地区的产业转移，也只能接收到一些资源消耗大、环境污染重、附加值低的夕阳产业。长期看来，这种产业转移对于弥合区域贫富差距的作用极其有限，还会为不发达地区的发展前景留下隐患。

四是人口素质。"科技是第一生产力"，这一结论被许多国家的发展历程所证实。科技水平依赖于人口素质，人是决定性的因素。现代人力资本理论主张，区域发展水平不仅取决于所掌握的物质资本，也取决于人力资本的数量和质量。随着经济社会发展和文明程度的整体提升，人力资本的地位和作用越发重要。中西部贫困地区人口数量增长较快，劳动力价格较低，综合素质与东部地区尚有差距。长期贫困的生活，使得部分贫困人口知识匮乏、缺乏信心，不愿也无力使子女接受良好的教育。乡村教育逐渐衰退的原因是多方面的，且相互关联。首先，市场经济的发展导致大量农村人口流向城市，造成了乡村教育资源的流失。其次，部分家长对教育的认识存在局限，存在"读书无用论"的观点，从而对教育缺乏足够的重视。最后，由于经济发展

---

① 数据来自国家统计局：《中国统计年鉴2020》，北京：中国统计出版社2020年版。

水平较低，许多落后地区在基础设施、师资力量和资金投入等方面严重不足，导致教育资源配置失衡，进一步加剧了乡村教育的困境。

五是社会风气。越是落后封闭的地区，人们观念越是保守。这一因素在实际生活中的作用不容忽视。特别是在改革开放后，整个国家面临由计划经济体制向市场经济体制的转型，在这一过程中，新生事物层出不穷，机遇与挑战并存，利益与风险同在。一方水土养一方人，每个地区都有其独特的社会风气，也会塑造出不同的群体性格，这背后的逻辑是极其复杂的，也难言有绝对的优劣之分。但如果将标准确定为适应市场经济体制发家致富，东部沿海地区勇于开拓、求新求变的社会风气显然优于中西部地区追求稳定、保守的社会风气。特别是一些极端贫困的偏远地区，由于长期孤立封闭，仍然处于自然经济状态中，现代市场的意识亟待建立。

需要指出的是，以上这五方面因素，虽然可以拆分出来单独分析，但这样的静态单因素分析并不能完全解释中国区域性贫困的成因。在区域发展的过程中，自然因素、经济因素、政治因素、文化因素、社会因素之间不是简单叠加，而是存在复杂的相互影响和相互作用的关系，在各自的动态变化中共同耦合成区域发展的特征，形成区域发展的动力，形塑不同区域的样态。

(二) 可能性：中央统一领导下贫富地区差异可以转化为协作契机

如前所述，中国的贫困问题具有突出的区域性特征，贫困地区实现脱贫面临重重障碍，这可以理解为开展区域扶贫协作的必要性。那么，区域扶贫协作之所以成为可能，主要基于两方面条件：一是中国不同区域之间的显著差异，二是我国独一无二的政治优势和制度优势。

显著的区域差异是实行区域扶贫协作的必要条件。毛泽东曾说过，中国是一个大国——"东方不亮西方亮，黑了南方有北方"[①]。的确，辽阔的疆域

---

① 《毛泽东选集》（第1卷），北京：人民出版社1991年版，第189页。

为中国提供了巨大的战略纵深和政策回旋余地。在和平建设年代，不同区域之间千差万别的地理环境，造就了不同的资源禀赋，在客观上扩大了发展差距的同时，也为实施互助协作提供了可能。

这种差异性和互补性，突出表现为东部发达地区在经济发展程度、劳动力素质、科学技术水平等方面，具有显著优势，但进一步发展受到资源和环境的制约。与之相反，中西部贫困地区虽然拥有储量丰富的矿产资源，但缺乏开发利用的手段和先进的科学技术，发展程度有限。这造成的结果就是东部地区虽然能源资源储量较低，但消耗水平远高于储量丰富的中西部地区，而中西部地区多少有些"有力无处使"。江泽民就曾指出，发达地区对口支援贫困地区，要充分发挥双方优势，实现互利共赢。"应该看到，发达地区有较多优势，贫困地区也有自己的优势，通过对口帮扶，可以做到东西互助、优势互补。"①

独特的政治优势和制度优势是实行区域扶贫协作的保障。毋庸置疑，无论是东部发达地区还是中西部落后地区，为区域扶贫协作的顺利实施都付出了巨大的人力和物力。然而，没有中央层面的统一协调和顶层设计，区域扶贫协作是不可能实施的。中国特色社会主义的独特优势，特别是政治制度方面的优势，在区域扶贫协作中得到充分体现。

这种优势集中体现为中央政府对各地方政府拥有统一的领导权。这种领导权主要通过人事和财政两种手段得以实现。

人事方面，中央掌握人事任命和政绩考核的权力，可以对地方政府官员实施有效激励和惩戒。这方面，学者周黎安提出的观点颇具说服力。为了解释改革开放以来中国经济发展前所未有的奇迹，他从"官场+市场"政治经济互动的角度入手，结合中国特殊国情，建构起"政治晋升锦标赛"理论范式。他认为，中国官员拥有谋求晋升的强烈动机，而在晋升竞争的"锦标赛"中，所在辖区经济的增长在相当程度上对官员的政绩有决定性影响。这

---

① 《江泽民文选》（第1卷），北京：人民出版社2006年版，第556页。

就使得想要晋升的地方政府官员在治理过程中，竭尽所能地拥抱市场经济，促进属地企业发展。①

财政方面，中央拥有从全局宏观调控经济的明确权力和在地方政府间实施转移支付的强大能力。20世纪80年代推行的一系列放权让利的改革措施，赋予了地方政府较多自主权，使得地方发展经济的积极性大增，特别是东部沿海地区，利用各种优惠政策迅速积累起了相当规模的财富。但在财政包干制下，这些措施同时留下了隐患：政府财政收入相较于GDP，不仅增速较缓，而且比重下降，中央政府实施宏观调控的"底气"不足。中央财政更是入不敷出，不得不向地方省份借款度日。1994年通过分税制改革，中央财政的权威重新得到捍卫，中央税收增长迅速。分税制改革效果可谓立竿见影，1994年中央财政一般公共预算收入由957.51亿元增长到2906.50亿元，比上一年猛增200%，占全国财政总收入比例由上年的22%飙升到56%。② 分税制改革在坚持捍卫中央权威的前提下，充分发挥了中央、地方两个积极性，这是解决长期困扰国家的央地关系问题的制度化尝试，也是中国能够顺利推进渐进性改革的重要原因。

光有制度优势尚不足以支撑区域扶贫协作这样组织难度大、牵涉范围广的大战略，还需要科学的顶层设计。在区域发展战略上，邓小平的贡献是开创性的。他从区域差距悬殊的实际情况出发，在先富带后富最终实现共同富裕理论逻辑的延伸下，提出了"两个大局"的战略构想。"沿海地区要加快对外开放，使这个拥有两亿人口的广大地带较快地发展起来，从而带动内地更好地发展，这是一个事关大局的问题。内地要顾全这个大局。反过来，发展到一定的时候，又要求沿海拿出更多力量来帮助内地发展，这也是个大局。那时沿海也要服从这个大局。"③ 他还特别强调，这一切都必须在保证中央的

---

① 参见周黎安：《转型中的地方政府：官员激励与治理》，上海：格致出版社、上海三联书店、上海人民出版社2017年版。
② 数据来自国家统计局：《中国统计年鉴2020》，北京：中国统计出版社2020年版。
③ 《邓小平文选》（第3卷），北京：人民出版社1993年版，第277—278页。

权威之下才可能实现。邓小平"两个大局"的构想，事实上是对改革开放后央地关系和各地方关系的一种调适，彰显出统筹兼顾的政治智慧。面对生产力基础薄弱的客观现实，在保障整体发展的前提下，通过明确不同地区发展的权利和义务，明确发展重点。这样一种"非均衡发展"的战略，被后来的实践证明是科学有效、符合国情的。但同时也应看到，想要真正实现区域协调发展，依然需要大量配套政策的支持，可谓任重道远。

（三）紧迫性：改革开放与区域贫富差距的扩大

改革开放铸就了举世瞩目的"中国奇迹"，是当代中国最鲜明的特色，其在中国现代史上的地位，无论如何强调都不为过。有国外学者曾提出，谁能科学解释"中国奇迹"，谁就可以获得诺贝尔经济学奖。习近平对于改革开放的伟大成就曾有这样的评价，"改革开放是决定当代中国命运的关键一招，也是决定实现'两个一百年'奋斗目标、实现中华民族伟大复兴的关键一招"。① 改革开放后中国综合国力的大幅跃升，为推进完善扶贫工作奠定了坚实的物质基础。在成绩斐然的同时也应当看到，中国经济快速增长的奇迹主要发生在东部沿海地区，广大中西部地区的发展明显滞后。伴随着改革开放的推进，在政策和市场两股力量的共同作用下，中国的区域贫富差距在不断扩大。

改革开放以来形成的区域贫富差距有着深刻的历史背景。从1949年新中国成立到改革开放之前，中国确立了社会主义制度和社会主义道路，为我国的扶贫事业奠定了至关重要的制度基础。人民群众彻底摆脱了被剥削压迫的历史，成为了国家的主人，经济领域公平正义的分配原则得以确立。但同时不容忽视的是，受制于客观历史条件，这种公平是一种近乎绝对平均主义的低水平公平，国家在这一时期也没有提出过专项性的扶贫政策，国家整体事实上处于普遍贫困状态。特别是由于缺乏资本积累，国家采取了以工农业产

---

① 习近平：《关于〈中共中央关于全面深化改革若干重大问题的决定〉的说明》（2013年11月9日），见《习近平谈治国理政》，北京：外文出版社2014年版，第71页。

品"剪刀差"的方式支持重工业建设,造成了农业利润大量流出,农民生活长期处于低水平徘徊的状态。中国农业科学院的研究表明,1952—1989年国家通过工农业产品"剪刀差"从农业中提取了9716.75亿元,加上农业税1215.86亿元。改革开放后,农产品价格有所提升,但这种"剪刀差"仍然相当巨大,仅在1979—1994年,国家就从农村居民手中抽取了约15000亿元,年均约938亿元。[①] 从长远来看,这一战略为国家后来独立完整工业体系的建立和国民经济的发展奠定了坚实的物质基础,但在当时确实造成了一个时期内的农民贫困现象。

基于这样的实际情况,邓小平指出,要实现共同富裕,必须打破平均主义。"我们坚持走社会主义道路,根本目标是实现共同富裕,然而平均发展是不可能的。过去搞平均主义,吃'大锅饭',实际上是共同落后,共同贫穷。"[②] 努力摆脱贫困、实现发展,抓住来之不易的发展契机,改变过去在区域发展上实施的低水平均衡政策,逐渐成为全社会的共识。

从政策上来看,东部地区获得了更为优惠的对外开放政策。众所周知,中国的对外开放格局是"经济特区—沿海开放城市—沿海经济开放区—内地",这种格局的形成主要是因为在这种区位性发展策略导向下,中央推行了渐进性的梯度开放政策。

为推动东部沿海地区率先发展,国家在政策设计、资金分配等方面,开始明显向东部地区倾斜。以对经济发展有基础性作用的基建投资为例,20世纪80年代之前,为了缩小地区差别,中西部地区占据了国家投资的主要份额。"六五"期间,东、中、西部基建投资占全国的比重分别为47.7%、29.3%、17.2%[③],东部地区占比首次超过中、西部地区之和。[④] "七五"和

[①] 刘社建、徐艳:《城乡居民收入分配差距形成原因及对策研究》,载《财经研究》,2004年第5期。

[②] 《邓小平文选》(第3卷),北京:人民出版社1993年版,第155页。

[③] 东、中、西部的数字总计不等于100%,是因为有些固定资产投资未划入地区内,如统一购置的运输工具等。

[④] 曾培炎主编:《新中国经济50年(1949—1999)》,北京:中国计划出版社1999年版,第397页。

"八五"时期,中西部地区和东部地区在基建投资额上的差距进一步扩大,加之在吸引外资方面东部地区原本就具有明显的区位优势,中西部地区和东部地区间发展水平和发展潜能上的差距愈发凸显。

从市场上看,东部发达地区把握住了改革的先机,充分发挥了比较优势是造成区域贫富差距扩大的又一重要原因。

中国市场化的改革加速了各种生产要素的流动,为经济发展注入了活力。但同时,也加剧了市场经济的"马太效应",资金、技术、人才等资源大规模地从贫困地区流向发达地区,这里以人口流动为例,城乡隔离政策被打破后,流动人口规模持续增长,主要流向是从农村向城市、从欠发达地区向经济发达地区、从中西部向东部和东南沿海地带。据统计,东部地区流入人口占全国流动人口的比例,从1982年的34.05%上升到2010年的56.17%。[1]由于区域发展不平衡的问题短期内难以根本解决,可以预估,我国流动人口"东进""南下"的总体趋势,虽然强度可能会有所减弱,但仍将持续相当长的时间。

表1.1　四大经济区域流入人口占全国流动人口的比例[2]　　　　单位:%

	1982	1990	2000	2010	变动量
东部	34.05	45.4	53.9	56.17	22.12
中部	25.51	20.97	15.92	16.09	-9.42
西部	23.68	21.82	22.65	21.54	-2.14
东北	16.8	11.79	7.55	6.09	-10.71

自身条件优越又获得政策倾斜的东部地区快速发展后,迅速培育出了一大批富有竞争力的市场主体,在国内外市场打开了局面。而相对落后的中西部地区,因为起步晚、根基弱、经验少等原因,在市场竞争中不占优势,难以同市场接轨,陷入了"技术水平低—产品质量差—居民收入少—教育投入小—技术水平低"的恶性循环。

---

[1] 数据来源于历次人口普查数据,由各省区数据计算得出。
[2] 因保留两位小数,各年比例之和不完全等于100%。

表1.2 2019年全国居民人均可支配收入地区差异情况　　　单位：元

	全体居民	城镇居民	农村居民
东部	39438.9	50145.4	19988.6
中部	26025.3	36607.5	15290.5
西部	23986.1	36040.6	13035.3
东北	27370.6	35130.3	15356.7

从表中不难看出，按照将全国划分为东部、中部、西部和东北四大基本区域的方法①，无论是城镇还是农村居民，东部地区的人均可支配收入明显高于中部地区、西部地区和东北地区。进入21世纪以来，随着西部大开发、中部崛起、东北振兴等区域发展战略的实施，区域发展差距有所缩小，但区域发展不平衡的问题依然严峻。这种失衡突出表现为经济问题，但绝不仅仅是一个经济问题，如果不能妥善应对，会诱发严重的政治和社会问题。

综上所述，改革开放以来区域扶贫协作的形成和发展，既是对时代需要的积极回应，也是对既有理论经验的继承发展，有着深厚的思想基础和时代背景。在充分吸收马克思主义经典作家反贫困理论、中国共产党革命建设历史、国外分析应对贫困问题经验三个方面思想资源的基础上，它瞄准区域性贫困的突出特征，充分利用显著区域差异蕴藏的丰富协作契机，在中央统一领导和组织协调下，致力于缩小改革开放以来由于政策和市场因素日渐扩大的区域发展差距，实现均衡协调发展。

---

① 这种划分由国务院发展研究中心在"十一五"规划中做出。按照东部、西部、中部、东北四大板块划分法划分全国。东部地区包括北京、天津、河北、上海、江苏、浙江、福建、山东、广东、海南10省（市），西部地区包括内蒙古、广西、重庆、四川、贵州、云南、西藏、陕西、甘肃、青海、宁夏、新疆12省（区、市），中部地区包括山西、安徽、江西、河南、湖北、湖南6省，东北地区包括辽宁、吉林、黑龙江3省。

第二章 区域扶贫协作的早期形态（1978—1993）

自 1978 年改革开放开始至 1994 年国家"八七扶贫攻坚计划"制定实施之前这段时间，可以视为区域扶贫协作的早期阶段。这一时期，区域扶贫协作主要表现为对口支援，依据扶贫理念思路的变化，又可以进一步细分为救济式扶贫和开发式扶贫两个阶段。

第一节 对口支援的起源与演进

（一）对口支援的含义与起源

区域扶贫协作发源于改革开放初期的对口支援政策，换言之，对口支援是区域扶贫协作的初始形态，区域扶贫协作是在对口支援政策基础上发展起来的。作为一项政策设计，对口支援极具中国特色，多层次、宽领域的对口支援，彰显了我国社会主义制度的优越性和各地区之间协作共进的合作精神和团结奋进的拼搏精神。

关于对口支援的含义，学界从行政学、财政学、公共管理学等方面进行了探讨。比如有学者强调它具有行政性，"对口支援是依照行政指令和行政分配东—西结对，按计划开展的一种援助形式，本质上属于道义性援助"①。有学者从其独特性出发，认为对口支援和一般的经济技术合作与横向联系有重大区别，它有两大特点：一是具有计划性和行政性。作为国家宏观调控的重要方面，它是在政府直接组织协调下进行，支援对象和任务明确。二是既有支援性，又有互补性。② 有学者提出，中国的对口支援是一种政治性馈赠，主要表现在三个方面：一是支援本身是一种通过馈赠实现的资源配置；二是中央政府主导了馈赠的实施；三是相较于受援方政府支出总额，馈赠资源所占比重小，功能也相对有限。③ 还有学者认为，对口支援应用广泛、形式多样，建立在中央政府宏观调控之下，是一种中国式的横向转移支付。④ 这些成果具有一定的启发意义。综合来看，"对口支援，是根据我国不同地区、不同民族之间，在政治、经济、文化、社会等方面发展不平衡以及地区之间资源分布的不均衡性和互补性客观实际，为了缩小地区、民族之间的发展差距，推动地区、民族之间的协调发展而形成的一种政府主导、社会参与的政府间和地区间的合作机制。"⑤ 这一定义，比较全面地阐释了对口支援的客观原因、主观条件和参与主体，涵盖了多个领域。

改革开放后，伴随着经济发展和社会活力的提升，地方经济管理领域的事务激增，地方政府间的横向联系大幅增加，对府际关系的调适提出了新挑战。中国幅员辽阔，各地经济发展水平相差悬殊，文化社会情况也是千差万别，在交流沟通中迫切需要构建加强合作的机制和框架。在这样的背景下，对口支援应运而生。到 20 世纪 90 年代，全国各地各种形式的对口支援不断丰富扩展，形成了多领域、多层级、多方式的立体网络。

---

① 张贡生：《东西合作研究述评》，载《兰州商学院学报》，2009 年第 2 期。
② 晏洁人主编：《科学发展观百科辞典》，上海：上海辞书出版社 2007 年版，第 244 页。
③ 李瑞昌：《界定"中国特点的对口支援"：一种政治性馈赠解释》，载《经济社会体制比较》，2015 年第 4 期。
④ 石绍宾、樊丽明：《对口支援：一种中国式横向转移支付》，载《财政研究》，2020 年第 1 期。
⑤ 王宗礼：《新中国成立以来民族关系发展的回顾与思考》，载《西北师范大学学报（社会科学版）》，2010 年第 1 期。

早在1960年3月20日,《山西日报》发表社论提出:"经纬纺织厂对榆次市郊区张庆曙光人民公社,采取对口支援、一包到底的协作形式。工厂支援人民公社进行农业技术改造是这个协作的中心内容,有规划、有组织、有领导是工业支援农业的新发展新特点。"① 依据现有材料,这可能是"对口支援"这一概念首次见诸报端。但在这篇社论中,对口支援是一种基层摸索出来的工农结合、城乡结合、厂社协作的新形式,尚不具备大规模跨区域的特征。

改革开放后,邓小平的理论思考为大规模跨区域的对口支援政策奠定了基础。1978年12月,中共中央工作会议在京召开。邓小平在闭幕会上的发言《解放思想,实事求是,团结一致向前看》,事实上成为后来十一届三中全会的主题报告和中国改革开放的宣言书。在这篇讲话中,邓小平专门阐述了他对于先富带后富这一经济"大政策"的初步构想。要"允许一部分地区、一部分企业、一部分工人农民,由于辛勤努力成绩大而收入先多一些,生活先好起来。一部分人生活先好起来,就必然产生极大的示范力量,影响左邻右舍,带动其他地区、其他单位的人们向他们学习。"在提出优先发展部分地区发挥示范效应的同时,他并未忽略对贫困地区的扶持。"当然,在西北、西南和其他一些地区,那里的生产和群众生活还很困难,国家应当从各方面给以帮助,特别要从物质上给以有力的支持。"②

值得一提的是,为了这篇讲话,邓小平曾同负责文件起草工作的胡乔木、于光远等人多次讨论,并亲笔拟定了一份提纲。提纲共3页,约500字,包含7条内容,"允许一部分人先好起来"这个"大政策"是提纲中第五条的重要内容。③ 这也从一个侧面印证了,至迟在1978年底,邓小平已经有了关

---

① 《厂厂包社 对口支援》(1960年3月20日山西日报社论),见谭震林等:《现代化的大规模的农业建设开始了》,太原:山西日报出版社1960年版,第356页。
② 《邓小平文选》(第2卷),北京:人民出版社1994年版,第152页。
③ 参见丁晓平:《〈解放思想,实事求是,团结一致向前看〉诞生记》,载《党史博览》,2018年第12期。

于"先富带后富"战略的初步理论思考。对口支援,同改革开放一同起航,伴随着改革开放伟大事业的持续推进,对口支援也在这一进程中不断发展完善,演化出多种具体模式。

(二)对口支援的具体模式

概括而言,依据受援方需要援助的成因,对口支援可以分为边疆和少数民族地区对口支援、重大灾害受灾区对口支援、特殊工程对口支援三种模式。这三种模式的对口支援,其诞生有时间上的先后顺序和各自独特的背景,但都依托于中国独特的政治生态,借助发达地区较为强大的综合实力,旨在帮扶救助落后地区加快发展。

首先,在对口支援的起步阶段,边疆地区和少数民族地区是主要的受援助方。边疆地区大都自然条件恶劣,又多为少数民族聚居区。在过去很长一个历史时期里,民族地区经济社会发展严重落后,人民生活处于严重贫困状态,贫困问题和民族问题、边防问题相互交织,对构建平等、团结、互助、和谐的社会主义新型民族关系,带来了严峻挑战。因此中华人民共和国成立后,党和政府加大了对边疆和少数民族地区的支持力度,投资兴建了一大批工业企业,带动当地经济社会发展。早在20世纪50—60年代,中央政府就曾提出在计划经济体制下,对少数民族地区进行经济支援的设想。

1975年,中央统战部部长乌兰夫就开始建议召开一次民族工作座谈会,并进行了大量调研和前期准备工作。在大会上,乌兰夫作了题为《全国人民团结起来,为建设繁荣的边疆、巩固的边防而奋斗》的报告。报告特别提到,要加快边疆民族地区的经济和文化建设。"在今后八年内,国家拟在边疆地区和少数民族地区安排的全部建设投资将达四百亿元。为解决边疆地区的特殊困难,除正常渠道安排给边疆地区、少数民族地区的设备和材料外,还将在计划内随投资补助一些汽车、拖拉机、钢材和木材等物资。国家还组织内地省市,实行对口支援边疆和少数民族地区。北京支援内蒙古,河北支援贵州,江苏支援广西、新疆,山东支援青海,天津支援甘肃,上海支援云南、宁夏，全国支援西藏"。① 这表明，此时的对口支援是和中央支持共同提出，用以加快边疆和少数民族地区发展的一项救济性举措，输送物资和资金是计划中主要的帮扶手段。同年7月，该报告被中共中央以中发〔1979〕52号文件批转，这种结对帮扶关系被正式确定下来。1984年9月，经国务院批准，国家经委、国家计委、国家民委和国家物资局几部门联合，在天津共同召开了"全国经济技术协作和对口支援会议"，会上又增加上海支援新疆、西藏，广东支援贵州，沈阳、武汉支援青海等支援关系，整个体系更加完善。

对边疆地区和少数民族地区的支援得到了长期坚持。以全国支援西藏为例，自1979年明确这一关系后，先后于1980年、1984年、1994年、2001年、2010年、2015年和2020年召开了7次西藏工作座谈会。中央支持西藏、全国支援西藏，是党中央的一贯政策，也在历次座谈会上被反复强调。1994年，中央第三次西藏工作座谈会确定了援藏工作方针，即"分片负责、对口支援、定期轮换"，形成了59个中央国家机关、17个省市和17家中央骨干企业，共同对口支援西藏的良好格局。截至2014年底，在中央机关、兄弟省市、中央骨干企业的无私帮助和长期支持下，全国累计实施援藏项目8310个、落实援藏资金296亿元，有力支持了西藏经济社会发展。②

其次，针对因灾害造成严重损失的地区进行对口支援，是加快灾区救援和恢复重建工作的重要举措，也是对口支援的又一重要形式。应对重大自然灾害和紧急突发事件的能力，是衡量一个国家制度优劣和治理能力的重要尺度。我国是一个自然灾害多发的国家，严重的灾害在造成巨大经济损失的同时，也会对社会稳定带来强烈冲击。灾难往往在短时间内爆发，但想要真正摆脱它带来的负面影响，绝非一日之功。对口支援为灾后恢复重建搭建了高效的机制平台，为灾区走出阴霾、重建家园提供了强大外部支持。

---

① 《乌兰夫传》编写组：《乌兰夫传1906—1988》，北京：中央文献出版社2007年版，第567—581页。

② 《西藏跨越发展 彰显国家力量》，载《人民日报》，2015年8月25日，第1版。

第二章 区域扶贫协作的早期形态（1978—1993）

在众多灾害中，地震具有极强的破坏力和危害性，受灾地区重建难度极大。作为新中国成立以来破坏力最大的地震，2008年汶川特大地震共造成近7万人丧生，1.8万人失踪，37万余人受伤，造成直接经济损失8451亿元。根据灾难发生十年后的统计，39个重灾县年GDP是十年前的3倍，39个重灾县城镇居民人均可支配收入达到30870元，是2008年的2.9倍。① 面对这场史无前例的重大灾难，灾区展现出无与伦比的恢复重建效率，发展增速高于全省其他地区，彰显了我国集中力量办大事的制度优势和艰苦奋斗的民族精神。

地震发生后，党中央、国务院迅速反应、统筹协调，提出《汶川地震灾后恢复重建对口支援方案》。按照"一省帮助一重灾县"的原则，全国19个省市对口支援受灾最为严重的四川18个县（市）和甘肃、陕西部分地区。方案明确规定了援助标准，各支援省市每年对口支援实物工作量按不低于本省市上年地方财政收入的1%考虑。具体内容和方式要遵循"硬件"与"软件"相结合，"输血"与"造血"相结合，当前和长远相结合的原则，与受援方充分协商后确定。②

表2.1 2008年汶川地震震后对口支援关系

施援方	受援方	施援方	受援方
山东省	北川县	山西省	茂县
广东省	汶川县	湖南省	理县
浙江省	青川县	吉林省	黑水县
江苏省	绵竹市	安徽省	松潘县
北京市	什邡市	江西省	小金县
上海市	都江堰市	湖北省	汉源县
河北省	平武县	重庆市	崇州市
辽宁省	安县	黑龙江省	剑阁县
河南省	江油市	广东省（主要由深圳市）	甘肃省受灾严重地区
福建省	彭州市	天津市	陕西省受灾严重地区

---

① 《巨变下的灾区经济发展新脉动》，载《四川日报》，2018年5月8日，第5版。
② 《汶川地震灾后恢复重建对口支援方案》，载《人民日报》，2008年6月19日，第1版。

除海南省外，东部和中部地区的所有省市全部动员起来投入支援，充分体现了中央举全国之力实施抗震救灾和灾后重建的决心。值得一提的是，这并非中央首次启动这一对口支援机制应对地震灾害，而是吸收借鉴了1976年唐山大地震的灾后恢复建设经验。以上海为例，在唐山大地震发生的当天，上海市就从65所医院中抽调880名医疗人员奔赴灾区一线。据初步统计，从1976年7月31日到8月23日，上海医疗队共治疗伤员181768人次，做大小手术781例，接生新生儿37名（其中死亡1名），开展预防接种86103人。另外，还培训了赤脚医生187名，协助灾区恢复合作医疗站89所。[1] 中共中央总书记胡锦涛在亲临四川对抗震救灾工作进行指导时强调，"一定要把唐山的抗震救灾经验介绍出去，发挥优势"[2]。在唐山的众多抗震救灾经验之中，举全国之力开展对口支援，无疑也是重要的一环。

时至今日，对口支援模式仍然在紧急救灾中发挥着不可替代的作用。2020年初，突如其来的新冠疫情对经济社会发展造成了巨大破坏，尤其是湖北和武汉，成为了疫情防控的主战场。面对湖北多地确诊人数不断增加、医疗人员和物资严重匮乏的困境，中央快速反应，妥善安排19个省份对口支援湖北省除武汉市外的地区。2020年1月21日，国家卫健委发布1号公告，将新型冠状病毒感染的肺炎纳入《中华人民共和国传染病防治法》规定的乙类传染病，并采取甲类传染病的预防、控制措施。2月10日，国家卫健委就公布了全国各省援鄂的对口支援安排。不同于以往，这次对口支援中，不局限于"一对一"的严格对应关系，而是既有"一对多"也有"多对一"。比如山西"一省挑三市"，再比如辽宁和宁夏"共保襄阳城"。

---

[1] 王慧青整理：《1976年上海支援唐山抗震救灾史料选编》，见上海市档案馆：《上海档案史料研究（第23辑）》，上海：上海三联书店2018年版，第359页。

[2] 《"唐山经验"助力四川抗灾重建》，载《燕赵晚报》，2008年8月25日。

第二章 区域扶贫协作的早期形态（1978—1993）

表 2.2　2020 年抗击新冠疫情对口支援湖北关系

施援方	受援方	施援方	受援方
重庆、黑龙江	孝感	福建	宜昌
山东、湖南	黄冈	内蒙古、浙江	荆门
江西	随州	山西	仙桃、天门、潜江
广东、海南	荆州	贵州	鄂州
辽宁、宁夏	襄阳	云南	咸宁
江苏	黄石	广西	十堰
天津	恩施	河北	神农架林区

北京、上海作为全国医疗资源最丰富、医疗科技最发达的地区并未在列，主要是因为他们肩负着更为重要的驰援武汉、保卫武汉的任务。尽管各省自身防控疫情负担并不轻松，但都心系大局，将最优秀的人才和最丰富的物资输送到了湖北。以自由主义为导向的西方国家大都奉行分权制衡的原则，地方往往各自为政，中央政府难以进行统筹协调和统一指挥。相较之下，对口支援被经常性运用于应对灾害的过程中，我国社会主义制度的优越性发挥得淋漓尽致。

最后，对重大工程实施地进行对口支援，是保证工程顺利完成和削弱工程负面作用的重要举措。重大工程作为人类改造自然的实践活动，在收获巨大经济社会效益的同时，也不可避免地会对生态环境、生产生活产生一些负面影响，伟大工程的背后是无数默默无闻的普通人。想要兴利除弊，往往需要调动大量的社会资源，仅仅依靠工程施工当地的力量远远不够。三峡工程中对移民工作的对口支援是最典型的例子。三峡工程库区移民任务千头万绪、艰巨繁重，移民工作成效不仅直接关系到三峡工程能否顺利实施，而且还关系到工程实施的广大地区整体的经济社会发展，可谓牵一发而动全身。

1994 年 12 月 14 日，举世瞩目的长江三峡水利枢纽工程经过 40 年的研究论证和近两年的施工准备，终于正式开工。2009 年工程全部完工，作为当今世界最大的水利枢纽工程，它的库容量、发电量、泄洪能力等多项指标都创造了新的世界纪录。

能够完成这样一项世上罕见的宏伟工程，库区移民的妥善安置发挥了至关重要的作用。据统计，因修建三峡工程需要搬迁的移民总数将突破规划的113万人，为保护库区生态，移民规模还进行了适度扩大，三峡库区最终移民人数达到140万人。① 移民规模如此庞大，仅仅依靠四川、湖北两省的力量难免捉襟见肘，需要举全国之力。在这样的背景下，全国对口支援三峡的工作开始启动。

1992年3月，尚在工程筹备期，国务院《关于开展对三峡工程库区移民工作对口支援的通知》就对口支援工作进行部署。②

为加强各个地区和各个部门之间的交流联系，国务院三峡工程移民试点工作领导小组于同年8月召开了三峡工程对口支援工作会。会上明确了"巩固发展原有支援协作关系，突出重点、以点带面、各有侧重、多方参加、扎实推进"的方针，力求实现库区移民"搬得出、稳得住、逐步能致富"的目标。

中央和全国各地区投入了大量人力、物力、财力，对三峡库区的对口支援卓有成效。在确定开展对口支援后的13年来，中央29个部委和20多个省市先后组织3000多批团（组）3万多人深入三峡库区，对口支援工作卓有成效，累计实施对口支援项目1865个，支援方到位资金136.78亿元，生产安置移民3.0346万人。这些对口支援项目，主要包括经济合作、基础设施、希望工程、移民搬迁及社会公益类项目等四大类。其中：经济类合作项目981个，到位资金96.18亿元；基础设施类项目116个，到位资金30.20亿元；希望工程类项目445个，到位资金1.41亿元；移民搬迁及社会公益类项目

---

① 《三峡库区最终移民人数将达一百四十万人》，载《时事资料手册》，2006年第6期。
② 通知明确要求，"各地区、各部门的对口支援要从实际出发，在安排基本建设、技术改造和其他投资开发项目以及在横向经济合作、引进外资、人才培训、干部交流等方面，对三峡工程库区各县（市）移民工作给予重点支援。国务院各部门在安排计划时，要结合三峡工程库区移民，多摆些项目。其他省、自治区、直辖市的有关部门，要在互惠互利的基础上，积极开展与三峡工程库区各县（市）的经济、技术合作。"《国务院办公厅关于开展对三峡工程库区移民工作对口支援的通知》(1992年3月27日)，参见中共中央党史研究室、中共湖北省宜昌市委员会、中共湖北省委党史研究室编：《中国共产党与长江三峡工程》，北京：中共党史出版社2007年版，第180页。

323 个，支援方无偿捐赠资金 8.99 亿元。①

三峡库区移民搬迁安置工作顺利结束后，继续创新对口支援工作机制被提上了议事日程。2014 年，《全国对口支援三峡库区合作规划（2014—2020 年）》确定了下一阶段对三峡库区对口支援的规划内容，明确提出了具体政策措施。规划重新灵活地调整了对口支援合作结对关系，并指出，"继续开展全国对口支援三峡库区工作，有利于加快库区移民安稳致富，增强库区经济发展活力，促进库区社会和谐稳定；有利于加强库区生态环境保护，保障三峡水库水资源安全；有利于探索建立新型区域合作关系，对口支援双方携手共促区域协调发展；有利于传承全国一盘棋的优良传统，弘扬社会主义集中力量办大事的优越性。"② 这一坚持了二十余年的对移民工作和库区建设实施对口支援的制度，彰显出与时俱进的发展特质，可以预见，在未来一段时间内仍然具有重要的意义。

表 2.3　三峡库区受援县与支援省区市对口支援合作结对关系

重点结对支援省市	受援区县	重点结对支援省区市	受援区县
黑龙江省、上海市、青岛市	夷陵区	四川省	开县
江苏省、武汉市	秭归县	山东省、沈阳市	忠县
湖南省、大连市	兴山县	河北省	丰都县
北京市	巴东县	浙江省	涪陵区
广东省、广州市、深圳市、珠海市	巫山县	云南省、江西省	石柱土家族自治县
吉林省	巫溪县	广西壮族自治区	长寿区
辽宁省	奉节县	安徽省	渝北区
江苏省	云阳县	河南省	巴南区
上海市、天津市、福建省、南京市、宁波市、厦门市	万州区	江西省、云南省	武隆县

① 邬云峰主编：《三峡移民精神概论》，北京：中国三峡出版社 2005 年版，第 66 页。
② 《全国对口支援三峡库区合作规划（2014—2020 年）》，载《中国环境年鉴 2015》，2015 年，第 102—106 页。

从表中不难发现，这次结对关系安排基本按照"一帮一"的结对原则，但也出现了很多"二帮一"的情况，即一些经济实力较强的地级市被单列出来，和一个省级行政单位共同支援一个县（区）。这充分考虑了施援方的自身实力。在共同开展对口支援的过程中，施援方的两个单位之间，也能建立起广泛的横向联系，进一步扩展对口支援的网络体系。

有学者指出，对三峡库区移民的对口支援在方式方法上极其灵活，突出体现为"四结合四为主"：一是条块结合，以条为主；二是远近结合，以近为主；三是软硬结合，以硬为主；四是政府行为与企业相结合，以企业为主。① 事实上，没有调查就没有发言权，这种灵活性建立在施援方和受援方之间充分的信息交流和扎实的实地调研的基础上。

除了这三种对口支援的主要模式之外，对口支援在发展演进的过程中还出现了其他形态。比如，在一省范围内，为平衡省内不同地区之间发展差距，开展省内对口支援。再如教育、医疗等同行业内部进行的对口支援，还包括上级机关对县、乡、村等基层的定点包干支援。

总而言之，对口支援经历了从临时性政策向稳定性制度转变的过程。在外在形式不断丰富的同时，帮扶困难群体始终是对口支援的内在特质。如上所述，无论何种形式的对口支援，都包含着先进富裕的地区（或部门）帮助相对贫困落后的地区（或部门）的内容。无论是过去、现在还是未来，对口支援在扶贫制度体系特别是区域扶贫协作中，都扮演着不可替代的重要角色。

第二节 救济式扶贫阶段（1978—1985）

中国的改革始于农村，是自下而上和自上而下相结合的改革。作为全国

---

① 马奎：《论湖北三峡库区移民的对口支援》，见中南民族学院民族研究所、民族学系编：《南方民族研究论丛（第1辑）》，北京：民族出版社1996年版，第102页。

改革开放的先声,农村改革通过解散人民公社、建立和完善家庭联产承包责任制、发展乡镇企业等一系列措施,加速了农村经济发展。在这一阶段,以体制改革为原动力的经济快速发展对于减贫的溢出效应较为明显,农民的温饱问题得到较大缓解,绝对贫困人口数量呈现快速下降态势。与此同时,贫困的差异化特征日益凸显,部分地区发展落后,贫困人口分布大量集中,需要开展针对性的救济式扶贫。

(一)救济式扶贫阶段的对口支援

从中国扶贫开发历程来看,在1978—1985年这一时期,扶贫工作整体上仍处于救济性扶贫为主的阶段。所谓救济性扶贫,是通过救济粮、救济款等直接物资赠予的形式,解决社会中贫困人口最基本的生活需要的一种扶贫方式。

1979年2月,民政部批转了《关于太平公社扶贫工作的调查报告》,其中许多经验在大规模的救济式扶贫中得到推广,推动了扶贫工作的发展进步。①

改革开放之前,社会救济主要表现为对一些无法定扶养人、丧失劳动能力又生活无着的老年人、残疾人和儿童,由集体负责对他们实施"保吃、保穿、保住、保医、保葬(幼儿保教)",简称"五保"。作为一项针对特殊群体的社会救助政策,"五保"的实践始于1956年。1956年7月,第一届全国人民代表大会第三次会议通过《高级农业生产合作社示范章程》,其中第五十三条规定:"农业生产合作社对于缺乏劳动力或者完全丧失劳动力、生活没有依靠的老、弱、孤、寡、残疾的社员,在生产上和生活上给以适当的安排和照顾,保证他们的吃、穿和柴火的供应,保证年幼的受到教育和年老的死后安葬,使他们生养死葬都有依靠。"②福利标准仅能勉强维持生活,但普

---

① 王瑞芳:《告别贫困:新中国成立以来的扶贫工作》,载《党的文献》,2009年第5期。
② 黑龙江太平公社的基本做法是:(一)逐户建立贫困户登记卡片,县、社统一掌握到户,随时督促检查扶持落实情况;(二)因户因人制宜,劳动分工给予照顾,帮助发展家庭副业;(三)集中经济力量重点扶持,同时动员群众互助;(四)建立干部包户和群众性包户小组,实行岗位责任制,包管、包教、包改变面貌,一包到底;(五)多方开展宣传教育工作,认真解决歧视贫困户的现象。见《高级农业生产合作社示范章程》,北京:法律出版社1956年版,第28—29页。

及率较高,是"五保"制度的突出特征。20世纪70年代,全国的"五保户"有300万左右,其中能够享受"五保户"待遇的有250—260万人,占85%以上。① 这一长期存续的基础社会保障制度惠及无数贫困群众,彰显了我国社会主义的底色。

需要指出的是,救济式扶贫缺乏稳定制度规范的特征,在农村五保供养上可以体现出来。虽然我国在1956年就早早开始了相关实践,但规范五保供养制度的文件《农村五保供养工作条例》,直到1994年才正式颁布。在相关制度尚不完善的情况下,救济式扶贫运行了相当长的一段时间,这在一方面彰显了党和政府强大的组织领导能力,另一方面也诱发了政策随意性的问题,一定程度上损害到扶贫工作的长期性和稳定性。

此外,救济式扶贫需要定向的资源调配和利益转移,而对口支援在这方面恰好可以发挥作用。由此,对口支援由单向度的帮扶援助,向内地省市和少数民族地区之间的对口支援与经济协作制度逐步过渡。以援助边疆和少数民族地区发展为目标的"内地—边疆"的对口支援模式,逐渐演化出以消除贫困为目标的"东部—西部"的区域扶贫模式。

(二) 救济式扶贫阶段的成绩与问题

总体看来,1978至1985年,在体制改革推动下,中国的减贫工作取得了前所未有的成就。据统计,在这一时期,农村人均粮食产量增长14%,棉花增长73.9%,油料增长176.4%,肉类增长87.8%;农民人均纯收入增长了2.6倍;没有解决温饱的贫困人口从2.5亿人减少到1.25亿人,占农村人口的比例下降到14.8%;贫困人口平均每年减少1786万人。② 这一连串数字的背后,是党和政府团结带领各族人民艰苦奋斗的结果。

应当指出,这一时期减贫能够取得突出成就,主要是由经济快速增长带

---

① 张磊主编:《中国扶贫开发历程(1949—2005)》,北京:中国财政经济出版社2007年版,第27页。
② 《中国的农村扶贫开发》,载《人民日报》,2001年10月16日,第6版。

第二章 区域扶贫协作的早期形态（1978—1993）

来的"涓滴效应"，而这种增长的动力，是由于体制改革的推动。这一时期的中国，全社会整体上尚处于一种低水平平均的状态中，解决温饱就意味着告别了贫困，正是依靠单纯经济增长就可以大幅度降低贫困发生率的扶贫初级阶段。农村率先发起的经济体制改革，通过家庭联产承包责任制、发展乡镇企业等手段，充分激发了农民劳动的积极性，极大释放了农村生产力潜能。

长期的救济式扶贫适应了改革开放初期温饱问题突出的情况，在取得一定减贫成绩的同时，也存在着一些问题，这里着重分析两点。

一是部分群众丧失了主动改变贫困状态的能动性，认为摆脱贫困完全是政府特别是基层干部的事情，更有甚者，产生了"靠着墙根晒太阳，等着别人送小康"的消极心态。这是典型的"精神贫困"，其根本上是一种主体性缺失，常常表现为思想观念保守、脱贫志气不足、理想信念模糊。外部政策设计得再好，如果贫困群众缺乏致富的主观能动性，也很难收获满意的减贫实效。制度最终需要人来实现，政策也需要施政者和贫困人口共同努力才能有效落实。

主体性缺失的问题得不到解决，返贫现象时有发生，贫困根源难以根除，再多再好的扶贫政策也难以奏效。应当肯定，在温饱问题尚未妥善解决的条件下，必要的救济是需要的，但把扶贫资金、物资大多用于生活救济而非生产发展，效果难免不理想。吸取历史教训，扶贫开发必须从改革入手，从长远着眼，彻底改变单纯生活救济的方法，实行开发性扶贫的方针。

二是在实际执行对口支援政策的过程中，施援方和受援方同时存在的短视现象，加剧了救济式扶贫不可持续的问题。从施援方角度，如果这样一种馈赠不可避免，那么将本地区的损耗降到最低，是最符合地方利益的决策思路。单纯输出资金和物资的直接救济式帮扶，可以迅速地完成中央布置的对口支援任务，又不需要深入了解受援方的情况，实际上是最"经济"的选择。而对于受援方而言，由于大多处于深度贫困之中，最迫切的需求是迅速解决大量贫困人口的温饱问题，获得资金和物资的直接扶持无疑具有立竿见影的作用。在面对上级部门的考核时，也更容易拿出更"好看"的统计数据。

事实上，这两种观念背后的根源，或者说这一时期救济式扶贫的困境，正是对口支援制度自身并未褪去的计划经济特征。作为政策末端和援助对象的贫困人口，往往习惯于行政命令快速解决问题带来的直接便利，不愿发挥自身的主体性，摆脱贫困状态。对口支援的推动力主要来自中央政府的行政命令，为了方便执行和考核，不可避免地需要下达一定时限内的指标任务，可谓时间紧、任务重。这种指令性压力同时作用到施援和受援双方，极容易造成前期调研工作不够细致扎实、中期执行过程简单应付了事、后期巩固支持容易半途而废等问题，最终使得政策落实效果遭到削弱。

在救济式扶贫阶段，作为区域扶贫协作的雏形，对口支援也处于在探索中前进的时期。作为一项从全局上平衡促进经济社会发展的重要举措，它在收获显著成效的同时，也还有许多方面有待完善。

1982年10月7日至14日，国家计委联合民委在宁夏银川，召开了"经济发达省、市同少数民族地区对口支援和经济技术协作工作座谈会"，会上就对对口支援工作存在的问题进行了颇为准确的概括，主要集中于思想重视程度和组织领导体制两个方面："当前在思想认识上、组织领导上，以及经济管理体制和政策的某些方面，还不适应这一工作的发展要求。各地和各部门的工作发展也不平衡。有的地方和部门领导重视，工作进行得较好；有的地方和部门重视不够，工作较差。国家对少数民族地区的对口支援和经济技术协作的组织领导，需要进一步加强。"[①] 上述这些问题，需要在更高水平的扶贫战略部署下得以解决，开发式扶贫应运而生。

第三节 开发式扶贫阶段（1986—1993）

授人以鱼不如授人以渔。为了克服单纯分散的救济式扶贫引发的种种问题，激发贫困人口摆脱贫困的主体意识，提升扶贫实效，开发式扶贫的理念

---

① 《经济发达省、市同少数民族地区对口支援和经济技术协作工作座谈会纪要》（1982年12月24日），见刘江主编：《中国西部地区开发年鉴1979—1992》，北京：改革出版社1992年版，第663页。

逐渐在扶贫工作中占据主导地位。同时，通过经济增长实现大幅度减贫的进程已经告一段落，但贫富分化的问题愈演愈烈，贫困人口的减少，需要更加积极主动的专项政策措施。

这一阶段的区域扶贫协作主要有三个方面的重要特征：一是转变理念，从"输血式"扶贫转向"造血式"扶贫；二是建立机构，正式成立了国务院贫困地区经济开发领导小组；三是扩大范围，在继续发挥政府主导作用的同时，动员企业参与到区域扶贫协作中来。需要特别说明的是，这种提法的转变虽然意味着政策重点的转变，但救济式扶贫仍然在发挥作用，并非完全被开发式扶贫取代。

（一）从"输血式"扶贫转向"造血式"扶贫

如前所述，贫困地区的发展，最终要依靠内生动力，如果单纯依靠外部"输血式"扶贫，没有持续稳定的经济来源，不能实现"造血式"发展，长久稳定脱贫还只能是一句空话。当地干部群众既是扶贫工作的对象，也是扶贫工作的主体。因此，需要转变扶贫理念，变直接物资输送为持续产业帮扶，充分利用贫困地区的优势条件，增强扶贫政策的延续性和稳定性。这种转变也同时标志着，中国的扶贫工作从一般意义上的社会救济中剥离出来，成为一项关系到整个国家的独立社会工作。

早在1984年9月，《中共中央、国务院关于帮助贫困地区尽快改变面貌的通知》就曾经提出，要改变贫困地区的落后面貌，首先要转变指导思想。根本途径是因地制宜、扬长避短，增强本地区经济的内部活力。它明确了新时期农村扶贫开发工作的原则、重点、措施和机构等。通知强调农村扶贫开发的基本原则是"将国家扶持的资金重点用于因地制宜发展生产"，而不是"单纯用于救济"。工作重点是"集中力量解决十几个连片贫困地区的问题"，"不能采取'撒胡椒面'的办法平均使用，更要严禁挪作他用"。①

---

① 《中共中央、国务院关于帮助贫困地区尽快改变面貌的通知》（1984年9月29日），见中共中央文献研究室编：《十二大以来重要文献选编》（中），北京：中央文献出版社2011年版，第29页。

救济式扶贫难以彻底斩断"穷根",返贫现象时有发生。这一问题越是条件恶劣、信息封闭的偏远地区越是突出。因此国家在老少边穷地区更加强调要坚持开发式扶贫方针,持续实施优惠政策。"七五"计划中,专门将这些地区的经济发展单列一章展开了论述。计划指出,在1986—1990五年间,扶贫开发的目标是解决大多数贫困地区人民温饱问题。另外,计划还着眼于分工协作发展,明确了下一阶段的区域经济发展政策。"我国经济发展水平客观上存在东、中、西三大地区的差异。发展的总体目标是,要加速东部沿海地区的发展,同时把能源、原材料建设的重点放在中部,并积极做好进一步开发西部的准备。"①

理念的变动需要在政策制定和实施层面体现出来。比如以工代赈计划,集中反映了从"输血式"扶贫向"造血式"扶贫的理念转变。该计划从1984年起开始实施,旨在改善贫困地区基础设施建设滞后的问题,同时使得贫困人口通过劳动获得救济。计划主要由国家计划委员会(后改称国家发展和改革委员会)负责实施。

事实上,"以工代赈"古已有之。在我国历史上,遭遇灾荒饥馑之时,除了钱粮赈济这类直接救济方式之外,政府和士绅也常常通过兴修公共工程,招募灾民有偿劳动,以求达到解难纾困的目的。最早在战国时期,齐国发生严重灾荒,大臣晏子就采用了以工代赈的形式,实现了对灾民的救济。"齐景公之时,饥。晏子请为民发粟,公不许,当为路寝之台,晏子令吏重其赁,远其兆,徐其日,而不趋。三年台成,而民振。故上说乎游,民足乎食。"②

以工代赈的资金来源,主要是国家下拨的中央预算内资金,还有部分来自省、市、县和行业部门配套资金。主要项目包括农田、水利、道路、桥梁等关系农民生产生活的重要基础设施。项目通常在农闲时实施,并尽量采用

---

① 《中华人民共和国国民经济和社会发展第七个五年计划 1986—1990》,北京:人民出版社1986年版。

② 《晏子春秋》,转引自李文海、夏明方主编:《中国荒政全书》(第2辑·第4卷),北京:北京古籍出版社2004年版,第200页。

劳动密集型技术，争取最大限度地惠及有劳动能力的贫困群体。在政策实施初期，中央政府投资以实物形式为主，如库存粮棉、油料、中低档工业品等，这些商品以劳动报酬的形式发放给贫困地区的劳动人口。

以工代赈政策的成效是显著的，是具有多重社会功效的积极手段。概言之，它将救济、建设和发展有机地结合在了一起。从最直接的救济角度看，以工代赈提高了贫困地区有劳动能力人口的收入水平。从建设角度看，通过以工代赈，在贫困地区建设了一大批农田、水利、交通和通信工程，改善了当地的基础设施水平，为进一步发展创造了条件。从发展角度看，以工代赈改善了贫困地区的生态环境和社会服务质量，积累了发展的潜能。使得贫困地区群众对开发式扶贫的理念认同得到提升，能够更加积极主动地配合响应政府政策，通过劳动摆脱贫困。

以下一系列数字可以反映出以工代赈对贫困地区基础设施的极大改善作用，真切地提升了贫困人口的生产生活水平。1985—1987年间，中央政府通过支出价值27亿的各项物资，帮助贫困地区共新建、改建公路、机耕道、驿道12万公里，其中新建等级公路4.6万公里；新建大中桥梁7200座（16.3万延米）；整治航道1800公里，新建码头65座；新增灌溉面积259万亩、改善灌溉面积1055万亩；完成除涝治理面积362万亩，水土保持治理面积1701万亩；维修加固水库558座，新增小水电装机15.6万千瓦；解决了1450万人、971万头牲畜的饮水问题。[①]

在某种程度上，以工代赈兼具建设和救济的双重目标，可以视为救济式扶贫向开发式扶贫逐步过渡过程中的产物。虽然其主要目的仍在于救济贫困人口的基本生活，政府投入的物资和资金也是无偿的，但在操作方式上要求贫困人口付出劳动而非"伸手要钱"，已经具备了开发式扶贫的某些特征。

随着时间推移，开发式扶贫逐渐取代了救济式扶贫，成为扶贫工作的主要方针。实践证明，开发式扶贫能够真正改善贫困地区的生产生活条件，充

[①] 朱玲：《公共工程对乡村贫困地区经济增长、就业和社会服务的影响——关于80年代以工代赈政策实施情况的典型调查》，载《经济研究》，1990年第10期。

分将内部发展和外部扶持结合起来,同单纯的救济式扶贫相比,具有成本低、效果好等优势。1987年10月,国务院《关于加强贫困地区经济开发工作的通知》中明确提出扶贫工作由救济式扶贫进入开发式扶贫的新阶段。"全国农村贫困地区的脱贫致富工作,经过一系列调整和改革,已经初步完成了从单纯救济向经济开发的根本转变,开始进入一个新的发展阶段。"[①] 这一时期的对口支援和扶贫协作,正是在这种扶贫理念转变的大背景下展开的。

(二) 国务院贫困地区经济开发领导小组成立

经验表明,行政力量的介入对扶贫工作而言是不可或缺的,开发式扶贫工作千头万绪,需要一个组织机构进行统一协调。从横向上看,这一组织需要同党和国家多个部委建立联系,在多个领域调动资源开展工作;从纵向上看,这一组织需要在地方各级政府建立基层机构,掌握扶贫一线的实际情况。有鉴于此,国务院贫困地区经济开发领导小组应运而生。

为扶贫开发工作成立专门的领导机构,是1986年中央一号文件的明确要求。"一号文件"原指中共中央每年发布的第一份文件,随着中共中央在1982年至1986年连续五年发布以农业、农村和农民为主题的中央一号文件,2004年至2020年又连续十七年发布以"三农"为主题的一号文件,"一号文件"已经成为中央重视农村问题的专有名词。1986年1月1日,中共中央国务院发布题为"关于一九八六年农村工作的部署"的一号文件。文件回顾了农村工作的形势,提出了当年农村工作的总方针,并将"切实帮助贫困地区逐步改变面貌"单列为一部分进行强调。除了提出应把扶贫工作重点放在尚未解决温饱的最困难地区之外,还明确要求:"国务院和有关省、自治区都要建立贫困地区领导小组,加强领导。利用各种渠道为贫困地区培养干部,同时从中央、省、地三级机关抽调一批优秀干部并组织志愿服务者到贫困地区工作。"

---

① 《国务院关于加强贫困地区经济开发工作的通知》(1987年10月30日),见国务院农村发展研究中心办公室编:《1985—1989农村政策文件选集》,北京:中共中央党校出版社1990年版,第557页。

第二章 区域扶贫协作的早期形态（1978—1993）

1986年5月16日，国务院贫困地区经济开发领导小组在北京成立，由国务委员陈俊生担任组长，国务院18个部委办的负责人作为成员，小组下设办公室负责处理日常事务，即通常意义上简称的"扶贫办"。作为专门的扶贫工作机构，领导小组的主要职责如下：组织调查研究；拟订贫困地区经济开发的方针、政策和规划；协调解决开发建设中的重要问题；督促、检查和总结交流经验。为便于组织管理和贯彻落实，相关省、市、县级政府也成立了相应的领导小组和办公室，列入政府行政序列，负责本地的扶贫开发工作。

专门机构的设置一方面体现出中央对某项工作的重视，另一方面也有效提升了政策实施效果。作为国务院扶贫领导小组常设的办事机构，国务院扶贫办的一项重要职能是负责协调组织中央国家机关定点扶贫工作和东部发达地区支持西部贫困地区的扶贫协作工作。在区域扶贫协作的发展历程中，它扮演了极其重要的角色。

从行政级别能看出国家对这一机构给予了高度重视。领导小组组长通常由分管农业的国务院副总理或国务委员兼任，副组长由国务院办公厅、发改委、农业部和中国人民银行的负责人担任。由于其牵涉部门多、规格级别高，许多后来走上党和国家重要领导岗位的人物，在不同时期都曾是这一小组的成员，这也在一定程度上从组织发展的角度保证了扶贫开发政策力度的持续性。

1988年，根据国务院机构改革的要求，国务院机构再次调整，决定将贫困地区经济开发领导小组与"三西"地区农业建设领导小组合并，成立新的国务院贫困地区经济开发领导小组，并对领导小组成员作相应调整。1993年12月28日，这一机构改称为国务院扶贫开发领导小组。

从这一机构几项主要职能工作中，可以在整体上把握1986—1993年间扶贫工作的进程和特点。

一是制定贫困标准，确定扶贫范围。明确何种生存状态属于贫困，进而确定哪些群体处于贫困之中，是开展扶贫工作的首要前提。中国贫困标准的制定采用了恩格尔系数法，也称食物贫困法，符合当时解决贫困人口温饱问题的主要需要。为了保证数据的准确性，从 1986 年开始，国家统计局开始利用全国农村住户抽样调查数据进行贫困问题相关的测算和评估。具体确定标准的过程分为四个步骤：一是确定必需营养标准。结合生物学研究，以 2100 大卡热量作为一个生命个体维持生命的最低营养标准。二是测算食品贫困线。结合调查获得的 30% 最穷人口的食品消费清单和食品价格，测算出满足 2100 大卡热量所需要的最低食物支出。三是测算非食品贫困线。对于收入恰好等于食品贫困线的群体而言，他们牺牲基本食物支出而实现的非食品需求，应当是最低程度的维持生存的底线。运用计量方法，这部分群体的非食品支出，就可以作为非食品贫困线的依据。四是加权计算得到最终贫困线。通过比例加权，用食品贫困线（约占 60%）与非食品贫困线（约占 40%）相加，最终确定贫困人口的具体扶持标准。

依据上述测算方法，1985 年，这一贫困标准为每年人均纯收入 206 元。随着物价水平的变动，该标准也在不断调整，总体呈上升态势。贫困线确定后，就可以作为基准，估量一个大致的贫困人口规模。

表 2.4 1978—1993 年绝对贫困线和绝对贫困人口数

年份	绝对贫困线（元/年）	绝对贫困人口（万人）
1978 年	100	25000
1984 年	200	12800
1985 年	206	12500
1986 年	213	13100
1987 年	227	12200
1988 年	236	9600
1989 年	259	10200
1990 年	300	8500
1991 年	304	9400
1992 年	320	8000
1993 年	400	8066

第二章　区域扶贫协作的早期形态（1978—1993）

二是划定重点贫困地区，实施区域瞄准。1985年，在1.25亿的贫困人口中，年均纯收入不足50元的群体还有将近4000万人，属于极端贫困人口。在这些人口分布的主要地区，国家划定了18个集中连片贫困区：东部的沂蒙山区，闽西南、闽东北地区，中部的努鲁儿虎山区、太行山区、吕梁山区、秦岭大巴山区、武陵山区、大别山区、井冈山和赣南地区，西部的定西干旱地区、西海固地区、陕北地区、西藏地区、滇东南地区、横断山区、九万大山地区、乌蒙山区、桂西北地区。按照东中西三大经济地带的划分，这18个集中连片贫困区中，有2个在东部，7个在中部，9个在西部。同东部地区相比，极端贫困对中西部地区发展造成了更大的障碍。

这一时期，中国的扶贫工作实施的是县域瞄准，即以贫困县为基本行政单位开展帮扶工作。县域治理在国家治理版图中占有独特位置，发挥独特作用。习近平总书记多次强调县域治理的重要性，"县委是我们党执政兴国的'一线指挥部'，县委书记就是'一线总指挥'，是我们党在县域治国理政的重要骨干力量"[①]。在整个贫困治理体系中，县扶贫办肩负着具体实施上级政策、组织动员群众等重任，具有至关重要的作用。

具体而言，年人均纯收入低于150元的地区被划定为国家级贫困县，又称为国家扶贫工作重点县，简称国定贫困县。为了照顾部分少数民族地区，这一标准在少数民族地区被放宽到200元，民主革命时期作出过重大贡献的老区县放宽为300元。地方根据实际情况，也确定了各自的贫困县标准，将一些未能获批为国家级贫困县的县划定为省级贫困县。在此标准下，1985年共确定国家级贫困县311个，省级贫困县368个。在之后的扶贫工作中，国家级贫困县的标准和数量都经历了多次调整，力求尽可能准确地反映贫困在全国范围内地域分布的动态变化，体现实事求是的工作方针。

需要特别说明的是，在确定贫困对象实施区域瞄准的过程中，贫困程度固然是最重要的标准，但并非唯一的标准。某种程度上，部分革命老区县人

[①] 习近平：《在会见全国优秀县委书记时的讲话》（2015年6月30日），载《求是》，2015年第17期。

民生活状况可谓"比上不足比下有余",虽然同发达地区相比严重落后,但同许多深度贫困地区相比,它们能够优先获得国家的扶持政策,是因为党和国家充分考虑到老区人民在战争年代对革命的巨大付出后,做出的一种政治反哺。

三是组织干部轮训,培养扶贫人才。政策明确之后,人就成为关键性因素。扶贫政策的落实需要高素质、强有力的干部队伍,在贫困地区进行开发式扶贫,需要克服的困难更多,对干部能力的要求也更高。因此,扶贫领导机构提出提升干部素质的明确培训目标,自1987年起到1988年上半年,"要把全国300多个重点贫困县的2000名干部普遍轮训一遍。其他贫困县以及所有贫困县的基层干部,由省、地、县分别安排培训"①。

随着扶贫工作走向深入,培训扶贫人才的专门机构也逐步建立起来。1990年2月,全国贫困地区干部培训中心成立。作为直属于国务院扶贫办的事业单位,它的主要职责包括两方面:一是对贫困地区党政领导干部进行扶贫开发方面的培训;二是对贫困地区乡村干部培训和农民实用技术培训进行指导。

从中央到地方,以各级领导小组为核心,以各级扶贫办为主力,辅以其他政府部门和非政府组织的配合,建立起较为完整的组织体系,并配套有专门的经费。专门的组织体系建立后,一系列专门的法律法规陆续制定出来,扶贫有了不可逾越的法律底线。

(三)"三西"建设

开展"三西"建设(甘肃河西走廊地区、定西地区和宁夏西海固地区)在中国共产党领导扶贫事业的历史上,具有里程碑意义。"三西"地区作为试点,为之后实施有组织、有计划、大规模的全国性扶贫开发积累了经验。

---

① 《国务院关于加强贫困地区经济开发工作的通知》(1987年10月30日),国务院农村发展研究中心办公室编:《1985—1989农村政策文件选集》,北京:中共中央党校出版社1990年版,第565—566页。

中国的区域性扶贫正是由此发端的。

80年代中期,中国贫困问题的区域性特征已经相当明显。据1985年统计,全国农村农民全年人均纯收入在200元以下的贫困人口约1.25亿,占该时期农村人口总数的14.8%。这些贫困人口分布比较集中,大多位于自然条件恶劣的生态环境脆弱地区,习惯上,这些贫困地区被称为"老、少、边、穷"地区。

"老"是指革命老区,即漫长的革命战争年代中,在中国共产党领导下,发动群众创立的革命根据地,它们所在的县为老区县。老区县分布广泛又相对集中,老区县分布在17个省区市,共计241个,其中78%集中在福建、江西、湖北、湖南、四川和陕西6省区。①

"少"是指少数民族自治地方,即在一个或多个少数民族聚居的地方,依法实行民族区域自治的行政区域。我国共有民族自治地方155个,其中自治区5个,自治州30个,自治县(旗)120个。

"边"是指陆地边境地区,即发布在沿陆地国境线的县级行政区划单位。除新疆生产建设兵团56个边境团场未列入统计之外,我国陆地边境县共计134个。②

"穷"是指欠发达地区。相较于前面三者,"欠发达"是一个相对模糊的概念。为便于操作,在确定具体的欠发达地区时,国家统计局农调总队提出了"县(市)社会经济综合发展指数"这一指标概念,综合考量某一地区的发展水平、发展活力和发展潜力。欠发达地区的标准是综合发展指数低于20%的县,也就是老少边穷地区中的"穷"县,全国确定了大约400个欠发达县。③

---

① 《老、少、边、穷地区的经济发展》,见:《中华人民共和国国民经济和社会发展第七个五年计划(1986—1990)》,北京:人民出版社1986年版。
② 《老、少、边、穷地区的经济发展》,见:《中华人民共和国国民经济和社会发展第七个五年计划(1986—1990)》,北京:人民出版社1986年版。
③ 《老、少、边、穷地区的经济发展》,见:《中华人民共和国国民经济和社会发展第七个五年计划(1986—1990)》,北京:人民出版社1986年版。

明确标准是开展区域扶贫工作的前提。剔除重复后，上述四类地区共计1029个县，占当时全国县级行政区的近一半。以县级单位作为基本的区域单元进行考察，老少边穷地区贫困发生率远高于其他地区，基本覆盖了全国贫困发生率较高的地区。同时，一般性的经济增长很难带动这些地区摆脱贫困。因此，破解这些地区经济社会发展面临的困境，在某种程度上就意味着我国的区域性贫困问题将得到极大缓解。为提高扶贫工作效率，中央后来决定以县为基本瞄准单位实施扶贫开发，也和这种区域性贫困特征密切相关。事实上，后来确定的国家级贫困县和老少边穷地区也多有重合。

1980年起，中央财政规划中开始单独列支"支援经济不发达地区发展资金"。这是中国共产党扶贫史上设立最早、由中央财政独立拨付的专项扶贫资金，其当年的拨付额就高达5亿，有力地支援了"老少边穷"地区的脱贫致富和发展事业。这笔资金后来逐渐转化为财政发展资金，成为中央财政扶贫资金的重要组成部分。

"三西"地区就是"老少边穷"地区的一个典型。"三西"地区是指甘肃以定西为中心的中部地区、河西走廊地区和宁夏的西海固地区，共有43个县、856个乡、8854个村。总人口1102万人，其中农业人口998万人。总面积36.9万平方公里。这里气候干旱、土壤贫瘠、灾害多发，生态环境极其恶劣，贫困发生率长期居高不下。群众长期过着"吃粮靠返销、生产靠贷款、花钱靠救济"的"三靠"生活。据统计，1979年以定西为中心的18个干旱县全年人均纯收入只有55.1元，西海固地区人均纯收入只有36元，人均口粮不足300斤，人民生活极端困苦，可谓"一方水土养活不了一方人"。①

1982年，中央政府开始有计划地对"三西"地区进行扶贫开发建设，提出"三年停止破坏，五年解决温饱，两年巩固提高"的十年发展目标。同年12月，"三西"农业建设领导小组成立，在第一次会议上就阐释了这一举措的战略意义。"开发自然条件较好的河西走廊地区和改造自然条件最差的定

---

① 艾云航：《中国"三农"问题研究》（下），北京：中央文献出版社2007年版，第845页。

西地区，在国内区域开发建设中，具有试点示范作用。"① 农牧渔业部部长林乎加任组长，国家经委副主任李瑞山、水利部部长钱正英任副组长。领导小组同时设置了办事机构，将办公室设在农牧渔业部。甘肃、宁夏两省区和有关地县也建立了专门机构，层层压实责任，保证建设顺利进行。

这种支持突出体现在财政支持上。1983—1992 年，中央每年投入 2 亿元，共计 20 亿元专项资金帮助该地实现奋斗目标。1992 年 7 月，国务院贫困地区经济开发领导小组决定，将"三西"农业专项建设的时限再延长投资十年。同时要求重点解决好"两个稳定"，即一要稳定解决贫困农户经济来源，二要稳定解决多数贫困农户的温饱问题。后来，"三西"农业建设与国家"八七"扶贫攻坚计划结合进行，随着综合国力的提升，国家扶持力度进一步加大，每年的专项资金投入由 2 亿元增长到 3 亿元。

将单纯救济转变为生产扶持，是"三西"地区扶贫工作中积累的宝贵经验之一。通过以工代赈等手段，将物资、资金和生产项目挂钩，分级管理、层层负责，大幅度提升了资金使用效率，挖掘了贫困地区和贫困人口的发展潜力。"三西"地区扶贫工作，同时标志着在救济式扶贫为主的阶段，已有类似开发式扶贫的措施正在形成，并逐渐成为扶贫工作的主导理念。

"三西"建设能够收获减贫积极成效，区域协作功不可没。为了密切东西部之间的联系，打开对外信息交流的渠道，"三西"地区采用咨询组的形式，从省际层面，加强了甘肃同浙江、江苏、山西，宁夏同浙江、陕西之间的联系。同时，借助咨询组这一平台，还建立了地市县之间的横向联系。典型事例包括浙江、江苏等省帮助甘肃、宁夏两省建设 128 个项目，山西省帮助定西地区培训小煤窑开发人员和开展小流域综合治理，等等。②

---

① 《"三西"地区农业建设领导小组第一次会议纪要》，见甘肃省"两西"农业建设指挥部办公室、甘肃省社会科学院农业经济研究所编：《甘肃"两西"农业建设重要文件、讲话汇编》，兰州：甘肃人民出版社 1983 年版，第 35—37 页。

② 艾云航：《中国"三农"问题研究》（下），北京：中央文献出版社 2007 年版，第 849 页。

(四) 企业间跨区域的横向联合加强

企业间的横向经济联合,是指"企业之间基于共同利益在产、供、销、人、财、物等若干方面,形成的较长期、较稳定的经济联系"①。企业是市场的主体。如果说在计划经济体制下,企业间联系以借助行政手段维持的纵向组织关系为主的话,那么可以说,改革开放以来,企业间横向联合逐步成为常态。作为我国经济体制改革的产物,企业间的横向联合内涵丰富、形式多样,一时间成为中国经济生活中的热门话题。一些企业间开展的跨区域的横向联合,可以从区域扶贫协作的角度进行阐释。

1986年2月,国务院发布新规,充分肯定企业之间不同内容、不同形式的横向经济联合的深远意义。"它促进了资源开发和资金的合理使用,促进了商品流通和社会主义统一市场的形成,促进了技术进步和人才的合理交流,促进了经济结构和地区布局的合理化。"同时明确提出,企业之间的联合,是横向经济联合的基本形式和发展的重点。② 这无疑印证了充分发挥企业积极性开展联合,在构建整体扶贫格局中具有重要作用。从区域扶贫协作的角度看,这有利于进一步加强各区域之间的横向经济联系,解决实际工作中出现的扶贫政策延续性低、部分地区和人口返贫、跨地区之间沟通不畅等问题。

相较于政府而言,企业间的协作更能体现区域扶贫协作平等互利的特征。企业作为从自身经济利益出发的市场主体,自主进行决策时首先要考虑自身利益,不太容易仅从道义性的角度实施无偿援助。这就使得贫富差距较大地区发展企业间横向联系时,要充分发挥双方各自的优势,取长补短,共同发展,才能保证协作的长期性和持续性。

发达地区与贫困地区企业间大跨度的横向联合,双方不再片面强调无私奉献的情怀,而是以互惠互利为原则积极合作,充分体现了开发式扶贫的方

---

① 李盛平主编:《新学科新知识词典》,北京:中国国际广播出版社1989年版,第290页。
② 《国务院关于进一步推动横向经济联合若干问题的规定》(1986年3月23日),见中共中央文献研究室编:《十二大以来重要文献选编》(中),北京:中央文献出版社2011年版,第356页。

针。有人形象地说，这是把地理上的"东西"关系转变为真正的"东西"关系。这后一种"东西"，就是商品经济下具有商业价值的商品。

科学技术是第一生产力，这是被实践证明了的真理，也来自改革开放以来企业生产的实践。在企业开展横向联合的过程中，发达地区更容易将先进的技术传递到贫困地区，拯救当地的企业，进而惠及贫困人口。比如上海组织19个单位的22名专家和名师巧匠，到云南的思茅地区和西双版纳传授技艺，其中包括皮革制造、建材、印刷、食品等6个行业的几十个技术工种。使一批工厂扭亏为盈。仅仅一个月的时间，就安装、调试和维修了各种新旧设备15台，改革工艺设备和技术操作30多项，解决了13个生产中的技术问题，提高了80多种轻工产品的产量和质量，还开发了16种新产品。这些产品中的一部分又流回上海，让申城人民感受到了来自彩云之南的气息。①

企业间的横向联合，在一定程度上克服了我国传统的条块分割体制带来的弊端，使封闭、半封闭的地区经济走向开放。在过去很长一段时间里，沿海富裕地区和内地贫困地区的企业之间，几乎是各自为战的状态，只有遇到困难时，才统一通过行政体系上报中央解决。这实质上是一种间接的经济联系。跨地区的企业横向联合，相较于一地区内的横向联合而言，虽然组织实施的难度更大，但意义更加丰富。它使得过去各地区间间接的经济联系直接化，每一个地区相对于另一个地区而言，除了行政区域之外，又增添了经济实体的意涵。

总体而言，1986—1993年这一时期，开发式扶贫的总方针得到确立，中央政府主导实施了一系列政策措施，使扶贫工作呈现出新特点，取得新成效。到1993年底，我国农村贫困人口由1.25亿人减少到8000万人，占农村总人口的比重由14.8%下降到8.7%。② 同时，扶贫工作面临更加严峻的困难和挑

---

① 吴敬华：《当今中国经济生活的热门话题——横向经济联系的理论与实践》，天津：南开大学出版社1988年版，第51—52页。

② 国务院扶贫开发领导小组办公室编：《中国农村扶贫开发概要》，北京：中国财政经济出版社2003年版，第3页。

战。随着经济快速发展的益贫效用逐渐下降，剩余贫困人口的脱贫难度极高，需要更加针对性的政策设计。与此同时，从地域分布上看，这一阶段贫困人口呈现出明显的地缘性特征，集中连片特困地区的贫困问题越发难以解决。

另外不容忽视的是，这一时期我国区域之间差距不断扩大的趋势愈加显著。从东、中、西地区人均国民生产总值来看，1985 年，这三大地带人均国民生产总值比例为 2.26∶1.15∶1，到 1993 年，这一比例扩大为 2.84∶1.25∶1。其中，东、西部之间的差距增加了 25.66%，东、中部差距增加了 14.65%，中、西部差距增加了 8.70%。① 东部地区"一马当先"，中西部地区难以望其项背。

在经济快速发展的同时出现的贫富分化问题，可能会对我国的社会主义本质带来冲击。邓小平较早发现了这一问题，1985 年 3 月召开的全国科技工作会议上，他强调："社会主义的目的就是要全国人民共同富裕，不是两极分化。如果我们的政策导致两极分化，我们就失败了；如果产生了什么新的资产阶级，那我们就真是走了邪路了。我们提倡一部分地区先富裕起来，是为了激励和带动其他地区也富裕起来，并且使先富裕起来的地区帮助落后的地区更好地发展。提倡人民中有一部分人先富裕起来，也是同样的道理。对一部分先富裕起来的个人，也要有些限制，例如，征收所得税。还有，提倡有的人富裕起来以后，自愿拿出钱来办教育、修路。当然，决不能搞摊派，现在也不宜过多宣传这样的例子，但是应该鼓励。"② 从中不难发现，在重申社会主义目标是共同富裕的同时，邓小平已经在思考对通过改革开放率先富裕起来的区域和群体进行一定程度上的制约监督，真正实现"先富带后富"的目标。

回顾整个 80 年代，农民生活水平整体上得到快速提高，农村面貌发生了历史性变化。规划展望 90 年代的农村工作，做好扶贫和地区间协调发展工

---

① 张磊主编：《中国扶贫开发历程（1949—2005）》，北京：中国财政经济出版社 2007 年版，第 46 页。
② 《邓小平文选》（第 3 卷），北京：人民出版社 1993 年版，第 364 页。

第二章 区域扶贫协作的早期形态（1978—1993）

作，努力实现共同富裕是一项重要任务。地区间多种形式的经济联合，在这项任务中发挥着重要作用。1991年11月，党的十三届八中全会通过《关于进一步加强农业和农村工作的决定》，再次强调了帮助贫困地区农民脱贫致富的重要性。"在允许一部分地区、一部分农民先富裕起来的同时，必须进一步扶持少数民族地区、革命老根据地、边疆地区的经济发展，帮助贫困地区的农牧民尽快脱贫致富。"要结合当地实际，高度重视对西部不发达地区进行有计划的扶持。"西部地区要根据自己的特点和优势，积极创造条件发展经济。要按照优势互补、经济互利的原则，组织东部沿海地区和西部地区的经济联合以及各种形式的利益共同体，促进西部地区经济发展，使东西部地区之间差距拉大的趋势逐步得到缓解。"[1]

在开发式扶贫的大方针下，严重的区域性贫困问题和仍在扩大中的区域间发展差距，成为制约农村发展的最大短板，也为下一阶段区域扶贫协作的发展提出了新的要求。继续按照原有的扶贫措施和力度，恐怕难以收获理想效果。以《国家八七扶贫攻坚计划》的出台为标志，中国的扶贫开发将要进入扶贫攻坚新阶段，区域扶贫协作也将迎来更广阔的舞台。

---

[1] 《中共中央关于进一步加强农业和农村工作的决定》（1991年11月29日），见中共中央文献研究室编：《改革开放三十年重要文献选编》（上册），北京：中央文献出版社2008年版，第615—616页。

第三章 区域扶贫协作的迅速发展（1994—2011）

世纪之交，改革开放面临新的挑战，扶贫开发进入重要的攻坚阶段，区域扶贫协作迎来了迅速发展和逐渐成形的时期。特别是东西扶贫协作的确立和发展，大幅提升了区域扶贫协作的效率。以《国家八七扶贫攻坚计划》和《中国农村扶贫开发纲要（2001—2010）》两个重要文件为指导，东西扶贫协作聚焦产业合作、劳务协作、人才支援、资金支持、社会参与五大方面的问题，初步构建起了政府、社会、市场"三位一体"的大扶贫格局。

第一节 东西扶贫协作的确立及发展

经过全国范围内大规模、有组织、有计划的扶贫开发，可以说中国的扶贫工作取得了阶段性成果。截至1993年底，尚未完全解决温饱问题的农村贫困人口数量已下降到8000万，贫困发生率下降到8.7%。区域性因素取代制度性因素，成为我国发生贫困问题的主因。剩余贫困地区具有自然条件恶劣、基础设施落后、社会事业发展滞后、返贫风险高等共性特征，同发达地区差距不断扩大，是扶贫难啃的"硬骨头"。扶贫工作进入攻坚克难的关键期，解决贫困人口的温饱问题难度越来越大，需要更强力的推动和更有针对性的规划。

(一)《国家八七扶贫攻坚计划》:以解决农村贫困人口温饱问题为重点

1993年12月28日,原来的国务院贫困地区经济开发领导小组正式更名为国务院扶贫开发领导小组。事实上,早在当年9月13日,国务院办公厅已经下发了更名调整文件,国务委员陈俊生担任组长,杨雍哲任常务副组长。9月下旬,在领导小组第一次会议上,陈俊生指出,今后一个时期扶贫开发的主要任务:一是做好目前8000多万尚未脱离温饱线的贫困人口的扶贫工作,在20世纪末力争基本解决这部分人的温饱问题。二是要巩固现有扶贫成果,在解决贫困地区人民温饱的基础上进一步脱贫致富。为此,将制订并在全国范围实施"八七扶贫攻坚计划"①。

1994年2月28日至3月3日,国务院首次召开全国扶贫开发工作会议。会议通过了《国家八七扶贫攻坚计划》(以下简称为《计划》)。在这项计划中,政府郑重承诺,从1994年到2000年,国家将集中人力、物力和财力,充分组织动员社会各界力量,力争在七年时间内基本解决剩余的8000万贫困人口的温饱问题。"这是今后七年全国扶贫开发工作的纲领,也是国民经济和社会发展计划的重要组成部分。"②

这一计划在中国扶贫工作史上具有里程碑意义,其特征和地位在于四个"明确":它是我国扶贫工作史上第一个有明确目标、明确对象、明确措施和明确期限的扶贫开发行动纲领。扶贫不再仅仅是一个部门或者某些地区的任务,扶贫工作在我国的重要性,由此上升到了前所未有的高度。

首先,有明确目标。使尚未脱贫的8000万贫困人口的温饱问题得到基本解决,这是《计划》的最终目标。对于何谓"温饱",《计划》提出了明确

---

① 载《中华人民共和国年鉴》,1994年,第184页。
② 《国家八七扶贫攻坚计划(1994—2000)》,见中共中央文献研究室编:《十四大以来重要文献选编》(上),北京:中央文献出版社2011年版,第673页。

的可供量化的标准，即"绝大多数农村贫困户年人均纯收入达到 500 元以上（按 1990 年不变价格）"，同时在基本农田、基础设施、教育卫生等方面，都有具体目标。① 而所谓"基本解决"，则是指除了少数丧失劳动能力的残疾人和不可抗拒的自然灾害产生的贫困者依靠社会救济保证基本生活之外，其他贫困人口都要解决温饱问题。

其次，有明确对象。在分析贫困的形势与任务时，《计划》延续了之前实施县域瞄准的方法，将县作为扶贫攻坚政策设计和实施的基本单位。基于贫困线的变动情况，《计划》对贫困县的标准进行了调整。按照"四进七出"的原则，1992 年人均收入低于 400 元的县全部纳入贫困线范畴，高于 700 元的县全部退出贫困县行列。经过这次调整，共有 592 个国定贫困县被纳入扶贫计划，它们也成为了扶贫攻坚任务最艰巨、挑战性最大的主战场。

再次，有明确措施。越是时间紧任务重，越需要正确的方针和科学的途径。《计划》继续坚持开发式扶贫的大方针，并提出了有针对性的扶贫策略："重点发展投资少、见效快、覆盖广、效益高、有助于直接解决群众温饱问题的种植业、养殖业和相关的加工业、运销业。积极发展能够充分发挥贫困地区资源优势、又能大量安排贫困户劳动力就业的资源开发型和劳动密集型的乡镇企业。通过土地的有偿租用、转让使用权等方式，加快荒地、荒山、荒坡、荒滩、荒水的开发利用。有计划有组织地发展劳务输出，积极引导贫困地区劳动力合理、有序地转移。对极少数生存和发展条件特别困难的村庄和农户，实行开发式移民。"②

最后，有明确期限。用 7 年时间，彻底解决剩余 8000 万贫困人口的温饱问题，平均每年要减贫 1000 万人以上。这需要克服重重困难，开展大量认真细致的工作才有可能实现。同时，将解决贫困问题作为严肃的政治任务，也

---

① 《国家八七扶贫攻坚计划（1994—2000）》，见中共中央文献研究室编：《十四大以来重要文献选编》（上），北京：中央文献出版社 2011 年版，第 674—675 页。

② 《国家八七扶贫攻坚计划（1994—2000）》，见中共中央文献研究室编：《十四大以来重要文献选编》（上），北京：中央文献出版社 2011 年版，第 675—676 页。

从一个侧面折射出党和政府消除贫困的坚定决心和信念。诚然，借助行政体系的力量安排扶贫任务，有效率高、见效快等优势，也有任务指标化、工作运动式、执行简单化等隐患。但应对我国贫困问题，这仍不失为一种符合实际的科学方案。

为了充分调动全国全社会的力量，《计划》同时明确要求，要积极推动东部沿海富裕地区和西部内陆贫困地区之间的横向经济联合和对口扶贫协作。"北京、天津、上海等大城市，广东、江苏、浙江、山东、辽宁、福建等沿海较为发达的省，都要对口帮助西部的一两个省、区发展经济。"在具体实施方法上，要"动员大中型企业，利用其技术、人才、市场、信息、物资等方面的优势，通过经济合作、技术服务、吸收劳务、产品扩散、交流干部等多种途径，发展与贫困地区在互惠互利的基础上的合作"①。

1994年4月15日，国务院印发《计划》，并要求各省区政府根据中央要求，结合本地区实际情况和减贫任务，制定出具体的攻坚计划。② 各省区在接下来的一年内，结合自身实际，遵照《计划》的逻辑结构分解目标任务，基本都完成了攻坚计划的制定工作。以贫困问题较为突出的贵州为例，1994年10月21日发布的《贵州省扶贫攻坚计划（1994—2000年）》，同样从形势与任务、目标要求、基本方针、政策措施、社会动员、组织领导六个方面进行部署，提出"力争用7年左右的时间基本解决全省农村1000万贫困人口的绝对贫困问题"的目标。③ 一时间，扶贫攻坚的号角在中国大地吹响，摆脱贫困的伟大征程迎来了新篇章。

1995年9月，党的十四届五中全会通过《中共中央关于制定国民经济和社会发展"九五"计划和2010年远景目标的建议》，站在缩小东西部经济发

---

① 《国家八七扶贫攻坚计划（1994—2000）》，见中共中央文献研究室编：《十四大以来重要文献选编》（上），北京：中央文献出版社2011年版，第684页。

② 《国务院关于印发〈国家八七扶贫攻坚计划〉的通知》（1994年4月15日），见中共中央文献研究室编：《十四大以来重要文献选编》（上），北京：中央文献出版社2011年版，第672页。

③ 《贵州省扶贫攻坚计划（1994—2000）》，见王传福主编：《改革开放三十年重要档案文献 贵州》，北京：中国档案出版社2008年版，第143—150页。

展差距、实现均衡协调发展的战略高度,将东西扶贫协作要求进一步具体化,建议东部沿海发达的13个省区同中西部欠发达的10个省区结成对子,以对口支援的方式进行扶贫协作。区域扶贫协作的历程由此进入了以东西对口扶贫协作为主要形式的新阶段。

1996年5月31日,国务院扶贫开发领导小组召开全国扶贫协作工作会议。会议明确安排了十对经济较发达地区与经济欠发达地区的对口扶贫协作关系。"闽宁协作""沪滇合作""两广协作"这三个东西扶贫协作的典型案例,都在这次会议上正式确定了合作帮扶关系。这一年,在我国改革开放以来区域扶贫协作发展历程中具有里程碑意义。

1996年7月6日,中央政府发出专门针对东西扶贫协作的指导文件《国务院办公厅转发国务院扶贫开发领导小组关于组织经济较发达地区与经济欠发达地区开展扶贫协作报告的通知》(以下简称为《通知》)。《通知》是对《计划》中关于区域扶贫协作基本原则的完善和细化。这一工作的主要任务是,"坚持东西部地区优势互补、互惠互利、共同发展的原则,加大对贫困地区的扶贫开发力度,如期实现《国家八七扶贫攻坚计划》确定的目标"[①]。

表3.1 1996年明确的各省区间对口协作关系

支援方	受援方	支援方	受援方
北京	内蒙古	山东	新疆
天津	甘肃	辽宁	青海
广东	广西	福建	宁夏
江苏	陕西	上海	云南
浙江	四川	大连、青岛、深圳、宁波	贵州

从表中不难看出,这种"一对一"的帮扶形式,基本延续了之前各省区

---

① 《国务院办公厅转发国务院扶贫开发领导小组关于组织经济较发达地区与经济欠发达地区开展扶贫协作报告的通知》(1996年7月6日),见《中国农业年鉴》编辑委员会编:《中国农业年鉴1997》,北京:中国农业出版社1997年版,第531页。

之间的对口支援关系，同时又有新的变化。最突出的一点变动，就是将大连、青岛、深圳、宁波四个计划单列市的力量集中起来，同贵州建立对口扶贫协作关系。

计划单列是一种特殊的经济管理方式，发源于计划经济体制下。所谓计划单列，是指在现行隶属关系基本不变的前提下，城市经济、科技和社会发展的各项计划在国家计划中不从属于上级单位，而是直接纳入国家计划，进行综合平衡。① 改革开放以来，伴随着市场经济体制的逐步确立，绝大多数的计划已经不复存在，但计划单列市由于其独特的作用，被保留了下来。身处改革开放的前沿，几个计划单列市经济基础雄厚、开放氛围浓厚、财政状况充裕，在区域经济发展中有重要地位和引领作用，具备一定支援贫困地区的能力。时至今日，它们仍然在各自区域经济发展中发挥着"领头羊"作用。同样作为计划单列市的厦门并未列入东西扶贫协作的帮扶关系中，这主要是因为厦门和母省福建关系更加紧密，福建自身支援宁夏的任务也相当艰巨，不宜再将厦门单独列出来。事实上，1997年重庆成为直辖市后，国务院扶贫开发领导小组即于2002年补充安排了对口帮扶任务，由厦门、珠海对口帮扶重庆。

在同贵州实施东西扶贫协作的过程中，这四个市之间积极分工协作，本着"统筹安排，相对固定，项目交叉"的原则，确定大连市帮扶遵义地区、六盘水市，青岛市帮扶安顺地区、铜仁地区，深圳市帮扶黔南自治州、毕节地区，宁波市帮扶黔东南自治州、黔西南自治州。② 这样的分工安排，进一步分解了任务，明确了责任。同时在项目实施的过程中，可不受实施地域范围的限制适当交叉、系统推进，增添了政策的灵活性。

对口支援关系的选择，同样充分尊重了历史情感等因素。由于20世纪

---

① 顾国新、王建平：《城市计划单列的评价及政策选择》，载《计划经济研究》，1990年第S3期。
② 《贵州省人民政府关于大连、青岛、深圳、宁波四个计划单列市对口帮扶我省贫困地区的通知》（1996年7月27日），见贵州省扶贫开发办公室编：《大连、青岛、深圳、宁波四个市对口帮扶贵州资料汇编》，2005年版，第9页。

60年代，上海10万知青曾赴云南上山下乡，其中不少人成为了云南各条战线上的中坚力量，沪滇两地之间的人脉关系和社会联系被极大加强了。据当时在上海市政府协作办公室工作的亲历者回忆，讨论对口衔接关系时，两地同时提出了协作意向，可以称得上是"自由恋爱"。①

1996年9月23日，中央扶贫开发工作会议召开，中共中央总书记的江泽民发表讲话，再次强调先富带后富的既定政策不能变，要确保如期实现《计划》目标。在这次讲话中，开展东西扶贫协作作为一项缩小东西部差距、促进区域经济协调发展的重要举措，再次得到了强调。江泽民指出，"各经济发达省市要把对口帮扶工作作为一项政治任务，主要领导同志亲自抓，切实抓出实效。要把帮扶任务落实到县（区）、落实到企业，明确目标任务，并作为考核工作的一个重要内容，不达到目标不脱钩。发达地区的市县负责同志要定期到帮扶县，研究制定帮扶措施。"② 不难发现，在对口支援中"精准化帮扶"的态势已经愈发凸显，这是东西对口扶贫协作一条重要的发展路向。

根据统计，东部地区共有235个县区和单位投入到东西扶贫协作之中，帮扶西部239个贫困县，占到全国贫困县总数的40%，帮扶规模进一步扩大。在具体帮扶的对应关系中，以"一对一"为主，但也同样存在"一对多"和"多对一"的情况。比如福建和宁夏之间，采取一对一的支援形式，安排福建省内8个较发达的县区同宁夏最贫困的8个县区结成对子。而浙川协作中，浙江省有37个区县和单位投入扶贫协作，支援四川省的12个国定贫困县，施援方和受援方数量比例达到了3∶1。

《计划》实施后，随着扶贫攻坚力度加大，贫困人口进一步减少。按照1996年的统计数据，全国贫困人口减少到6500万，占全国人口的比重下降到5.4%。1994年以来，平均每年解决温饱问题的人数为500万。但是同

---

① 姜光裕口述，黄金平、陈克涛采访整理：《对口帮扶要力求落地与实在》，见政协上海市委员会文史资料委员会、中共上海市委党史研究室、上海市对口支援与合作交流工作领导小组办公室编著：《对口援滇（口述上海）》，上海：上海教育出版社2016年版，第42页。
② 《江泽民文选》（第1卷），北京：人民出版社2006年版，第556页。

《计划》确定的目标相比,这样的速度还不够,到 2000 年平均每年还要解决 1000 万人以上的温饱问题。为确保如期完成任务,同年 10 月 23 日,中共中央、国务院制定《关于尽快解决农村贫困人口温饱问题的决定》,综合分析了实现扶贫目标的有利和不利条件,强调"只要我们下定决心,充分利用有利条件,全力以赴,艰苦努力,在本世纪末实现基本解决农村贫困人口温饱问题的战略目标是完全可能的"。该文件同时指出,东西互助是促进东西部优势互补、缩小差距、逐步实现共同富裕的重要途径。"对口帮扶的任务要落实到县,协作要落实到企业和项目。组织富裕县和贫困县结成对子,进行经济合作,开展干部交流。"①

这一时期扶贫开发最突出的特点是正规性和体系化,基本构建起了农村反贫困的行动和政策体系,明确了主要扶贫专项工作和任务。在之后的岁月中,这一体系虽然在不断完善,但基本框架没有大的改变。在整体扶贫格局中,东西扶贫协作和行业扶贫机制的建立,具有重要意义。东西扶贫协作的主要内容、运行机制、措施要求,也在这一时期基本定型。

总体而言,2000 年之前的东西扶贫协作,主要致力于解决贫困人口的温饱问题,取得了一定成绩。据不完全统计,截至 1998 年底,东部省市共为西部省市无偿捐资 8.2 亿元,赠物折款达 2.2 亿元,其中捐衣被 6559 万件;签订协作项目 2600 多项,协议投资 87.5 亿元,其中已实施项目 2074 项,实际投资近 40 亿元;东部吸收贫困地区劳务人员 25 万人,劳务收入 8 亿多元;干部交流 2280 人次,帮助西部地区引进技术 585 项,培养各类人才 19742 人,援建希望学校 969 所;新修公路 1468 公里,建设基本农田 154 万亩,解决 36.7 万人、29.9 万头牲畜的饮水困难;直接或带动解决 165 万农村贫困人口的温饱问题。②从捐助物资的种类和数量不难发现,虽然形式多样,但占

---

① 《中共中央国务院关于尽快解决农村贫困人口温饱问题的决定》(1996 年 10 月 23 日),见陈耀邦主编:《中国中西部地区开发年鉴 1996》,北京:改革出版社 1997 年版,第 21—26 页。

② 汪一鸣、李崇阳等:《闽宁合作:动力机制与运行机制》,银川:宁夏人民出版社 2001 年版,第 73 页。

主导的仍是直接的物资援助,这一时期解决温饱问题仍是开展东西扶贫协作的主要目标。

《计划》确定的基本目标得到了实现,贫困人口的温饱问题得到基本解决。据有关统计,按照年人均收入625元的贫困线计算,2000年农村尚未解决温饱问题的贫困人口减少到3000万人,贫困发生率下降到3%左右。其中国定贫困县的贫困人口从1994年的5858万人减少到2000年的1710万人。[①]"到2000年底,除了少数社会保障对象和生活在自然环境恶劣地区的特困人口以及部分残疾人以外,全国农村贫困人口的温饱问题已经基本解决,《国家八七扶贫攻坚计划》确定的战略目标基本实现。"[②]

不容忽视的是,该时期的东西扶贫协作也存在不少问题。一是未能充分体现互惠互利的原则。相较于东部地区的支援力度而言,西部地区能够给予的回馈相对较弱。虽然部分西部省区将拥有的特色农产品给予施援方优先的贸易地位,丰富了施援地的市场。但这些回馈同东部地区的巨大付出相比,在经济回报上远远不成比例。二是协作领域仍然相对单一。东西部地区之间差异巨大,在众多领域都蕴藏着广阔的协作空间,可以采用的协作方式多种多样。但时间紧任务重,为了完成《计划》锚定的扶贫任务,在众多协作领域中,省级政府往往优先选择经济领域。在诸多协作方式中,往往倾向于产业合作、工程项目、劳务协作等简单方式,一切以短期内带动贫困人口快速增收为目的。由于协作领域相对狭窄,其推动更依赖于中央政府的行政命令,实施之后对贫困地区经济社会整体溢出效应提升幅度相当有限。

(二)《中国农村扶贫开发纲要(2001—2010年)》:以全面建设小康社会为目标

农民的温饱问题得到基本解决后,建设小康社会成为下一阶段的发展目标。而要建设小康社会,农村既是重点,也是难点。1999年11月的中央经

---

① 《中国的农村扶贫开发》,载《人民日报》,2001年10月16日,第6版。
② 国务院:《中国农村扶贫开发纲要(2001—2010年)》,2001年6月13日。

济工作会议上，江泽民在分析世纪之交错综复杂的经济形势时就指出，"千方百计增加农民收入，是当前农业和农村工作的一项重要任务。全国实现小康，重点和难点都在农村。农村实现小康，关键是要增加农民收入"①。如何实现剩余贫困人口的脱贫，更是难啃但又必须啃下的"硬骨头"。

建设小康社会首先要理解"何为小康"。小康社会理论，经历了一个漫长的发展历程。改革开放伊始，1979年12月6日，在会见日本首相大平正芳时，邓小平就首次提出了"小康"概念。他指出，中国希望实现的四个现代化，并非西方标准下的现代化概念，而是以生活水平提升为主要内容的"小康之家"。具体而言，"要达到第三世界中比较富裕一点的国家的水平，比如国民生产总值人均一千美元，也还得付出很大的努力。就算达到那样的水平，同西方来比，也还是落后的。所以，我只能说，中国到那时也还是一个小康的状态"②。这个概念经过发展完善，形成了明确的"三步走"战略，并逐渐得到全党的认同。

"三步走"战略的含义并不复杂。1987年10月，党的十三大把邓小平的相关战略构想正式确定下来。第一步，从1981年到1990年，实现国民生产总值比1980年翻一番，解决全国人民的温饱问题；第二步，从1991年到20世纪末，国民生产总值再翻一番，人民生活达到小康水平；第三步，到21世纪中叶，人均国民生产总值达到中等发达国家水平，基本实现现代化。然后，在这个基础上继续前进。③ 1997年，在前两步目标提前实现的背景下，党的十五大报告将第三步谋划到21世纪中叶的远景目标又分解为三个小阶段。"第一个十年实现国民生产总值比2000年翻一番，使人民的小康生活更加富裕，形成比较完善的社会主义市场经济体制；再经过十年的努力，到建党一百年时，使国民经济更加发展，各项制度更加完善；到世纪中叶建国一百年

---

① 《江泽民文选》（第2卷），北京：人民出版社2006年版，第441—442页。
② 《邓小平文选》（第2卷），北京：人民出版社1994年版，第237页。
③ 赵紫阳：《沿着有中国特色的社会主义道路前进》（1987年10月25日），见《中国共产党第十三次全国代表大会文件汇编》，北京：人民出版社1987年版，第14—15页。

时，基本实现现代化，建成富强民主文明的社会主义国家。"①

不难发现，在"三步走"的战略构想中，国民生产总值是最重要的数据指标，而人民生活水平是最重要的判断标准。当时，我国的城镇化率还不到40%，作为农村人口占多数的国家，广大农民的收入水平和生活状况，直接关系到国家的战略目标能否顺利实现。在全面建设小康社会的过程中，如果仍有大量贫困人口存在，经济建设快速发展的成果无法由全体人民共享，这无疑不符合社会主义共同富裕的基本价值追求。

需要指出的是，"小康水平"和"小康社会"是两个不同的概念。前者是介于贫困和富裕之间的生活状态，是我国20世纪90年代到21世纪初的奋斗目标。后者则是在前者实现的基础上，针对发展不平衡、不协调等短板，针对性地提出的要在21世纪头20年实现的更高水平的发展目标。

为了确定"小康水平"在统计学意义上的具体标准，国家统计局于1991年与其他12个部门的研究人员组成了专项课题组，就全国人民小康生活水平确定了16项基本监测指标和小康标准值。这一标准涉及众多领域，具体标准如下：人均国内生产总值2500元（按1980年的价格和汇率计算，2500元相当于900美元）；城镇人均可支配收入2400元；农民人均纯收入1200元；城镇住房人均使用面积12平方米；农村钢木结构住房人均使用面积15平方米；人均蛋白质日摄入量75克；城市每人拥有铺路面积8平方米；农村通公路行政村比重85%；恩格尔系数50%；成人识字率85%；人均预期寿命70岁；婴儿死亡率3.1%；教育娱乐支出比重11%；电视机普及率100%；森林覆盖率15%；农村初级卫生保健基本合格县比重100%。

按照这一标准，根据统计，截至1990年，全国近9亿农民绝大多数都已经解决了温饱问题。而在沿海诸省和大中城市周围的郊区，以及乡镇企业发达的农村，约有2亿农民已经先富起来，达到生活小康水平。②

---

① 《江泽民文选》（第2卷），北京：人民出版社2006年版，第4页。
② 陆学艺：《三农论——当代中国农业、农村、农民研究》，北京：社会科学文献出版社2002年版，第388页。

2002年党的十六大上,到2020年全面建设小康社会的宏伟目标被进一步明确。十六大报告中提出,要紧紧抓住21世纪初难得的战略机遇期,"集中力量,全面建设惠及十几亿人口的更高水平的小康社会,使经济更加发展、民主更加健全、科教更加进步、文化更加繁荣、社会更加和谐、人民生活更加殷实。这是实现现代化建设第三步战略目标必经的承上启下的发展阶段,也是完善社会主义市场经济体制和扩大对外开放的关键阶段"①。

21世纪前十年,对扶贫开发工作和"小康社会"意涵的理解认识相互交织在一起。建设更高水平的小康社会,缩小改革开放以来逐步扩大的城乡差距、地区差距是应有之义。在这样的大背景下,东西扶贫协作作为扶贫体系中缩小东西发展差距、加速贫困地区脱贫进程的有力措施,迎来了又一个迅速发展的机遇期。

1999年,党的十五届四中全会正式提出了西部大开发战略,这为东西扶贫协作提供了更加广阔的发展平台和强有力的政策支持。西部大开发的政策适用范围,主要包括重庆市、四川省、贵州省、云南省、西藏自治区、陕西省、甘肃省、宁夏回族自治区、青海省、新疆维吾尔自治区、内蒙古自治区和广西壮族自治区。2001年,又增加了湖南省湘西土家族苗族自治州、湖北省恩施土家族苗族自治州、吉林省延边朝鲜族自治州三地。这些地区地处偏远,起点低、底子薄,基本覆盖了中国贫困最为严重的地区。

2000年1月,国务院成立了专门的领导机构——西部地区开发领导小组,统筹领导西部大开发政策的贯彻落实工作。10月,《国务院关于实施西部大开发若干政策措施的通知》针对西部大开发的政策作出了指导,特别提出要积极推进地区协作和对口支援。"在防止重复建设和禁止转移落后技术与导致环境污染的前提下,在投资、财政、税收、信贷、经贸、工商、劳动、统计等方面积极采取有力措施,支持东部、中部地区企业到西部地区以投资设厂、参股入股、收购兼并、技术转让等多种方式进行合作。在中央和地方

---

① 《江泽民文选》(第3卷),北京:人民出版社2006年版,第543页。

政府指导下，动员社会各方面的力量加强东西对口支援，进一步加大对西部贫困地区、少数民族地区的支援力度，继续推进'兴边富民'行动。围绕西部开发的重点区域，发展多种形式的区域经济合作。"①

同五年规划相联系，西部大开发的重点是加快完善西部相对落后地区的基础设施建设，特别是补齐水利、交通、通信等方面的短板，同时切实加强生态环境保护和建设。在相关工程项目中，东部地区可以更加充分地发挥自身资金、技术等方面的优势，帮助西部地区调整产业结构，全面改善西部地区的发展环境。

2001年5月24日至25日，第三次中央扶贫开发工作会议召开，这是一次规格极高的会议。24日，国务院副总理、扶贫开发领导小组组长温家宝先进行了工作报告，总结报告了《国家八七扶贫攻坚计划》实施以来扶贫工作取得的进展。他指出，在新世纪我国进入全面建设小康社会、加快推进社会主义现代化建设的新的发展阶段，扶贫开发也进入了一个新阶段。25日，中共中央总书记江泽民在闭幕会议上发表了重要讲话，总结了20多年来我国扶贫开发工作的成就和经验，对新世纪初扶贫开发工作的指导思想、主要任务和必须把握好的重要问题进行了阐述。他在讲话中将带领群众摆脱贫困的经验凝练为：政府主导、社会动员、立足发展、坚持开发，因地制宜、综合治理，自强不息、艰苦创业。② 随后为强化落实责任，国务院总理朱镕基补充了几点意见：一是统一思想，提高认识，坚持把扶贫开发工作放在重要位置；二是狠抓落实，注重实效，努力做好新形势下的农村扶贫工作；三是密切配合，加强协作，共同为贫困地区脱贫致富作出努力。③

经过这次会议的充分讨论，2001年6月，国务院印发《中国农村扶贫

---

① 《国务院关于实施西部大开发若干政策措施的通知》（2000年10月26日），见中共中央文献研究室编：《改革开放三十年重要文献选编》（下册），北京：中央文献出版社2008年版，第1128页。

② 江泽民：《在中央扶贫开发工作会议上的讲话》，载《中华人民共和国国务院公报》，2001年第30期。

③ 朱镕基：《在中央扶贫开发工作会议上的讲话》，载《中华人民共和国国务院公报》，2001年第30期。

开发纲要（2001—2010 年）》（以下简称《纲要》）。作为 21 世纪头十年指导我国扶贫开发工作的纲领性文件，可以从以下几个方面把握标志性意义。

第一，《纲要》明确了 2001—2010 年间扶贫工作的奋斗目标。"尽快解决少数贫困人口温饱问题，进一步改善贫困地区的基本生产生活条件，巩固温饱成果，提高贫困人口的生活质量和综合素质，加强贫困乡村的基础设施建设，改善生态环境，逐步改变贫困地区经济、社会、文化的落后状况，为达到小康水平创造条件。"① 这一目标可以概括为两个方面："稳温饱"和"奔小康"。一方面，我国仍有 3000 万人口的温饱问题有待解决，相对比例不高但绝对数量很大。刚刚脱离国家贫困线的贫困人口，其生活水平仍然很低，返贫风险高，必须巩固好来之不易的成果。另一方面，贫困地区的落后状况对于全面建设小康社会有巨大的阻碍作用，部分地区人口处于贫困状态的社会难言达到了小康水平。只有不懈努力将改善贫困地区生产生活条件的工作坚持下去，才能为建设更高水平的小康社会奠定基础。

第二，《纲要》标志着我国扶贫工作瞄准的重点，由贫困县转向了贫困村。从 1986 年开始，我国的开发式扶贫工作已有 15 年的历史。经过十余年的接续奋斗，我国的贫困分布特征已经有了新变化，大面积贫困现象得到缓解，贫困分散化的趋势明显。剩余的约 3000 万贫困人口中，相当一部分居住在非贫困县的贫困乡村中，县级瞄准的准确性不断下降，继续实施县域瞄准难以保证扶贫效率，呼唤针对性的政策调整。《纲要》延续了划定国定贫困县的方法，同时提出"东部以及中西部其他地区的贫困乡、村，主要由地方政府负责扶持"②。为此，国务院扶贫办和地方扶贫部门于 2001 年在全国范围内确定了 14.8 万个贫困村，计划按照村级扶贫规划进行整村推进。

第三，《纲要》首次将可持续发展的理念融入扶贫开发工作中。以往的扶贫开发工作，突出以"开发"助力"扶贫"的思路，强调通过建设开发，

---

① 国务院：《中国农村扶贫开发纲要（2001—2010 年）》，2001 年 6 月 13 日。
② 国务院：《中国农村扶贫开发纲要（2001—2010 年）》，2001 年 6 月 13 日。

快速提升贫困人口收入，扭转贫困面貌。世纪之交，资源短缺、环境恶化等难题愈发凸显，如何实现可持续发展逐渐成为亟待解决的问题。贫困地区大多生态环境脆弱、资源禀赋不足，在扶贫开发的过程中更需要强调发展的可持续性，这也和中央这一时期的大政方针相吻合。1997年的党的十五大把可持续发展战略确定为我国"现代化建设中必须实施"的战略。2002年党的十六大上，更是把"可持续发展能力不断增强"作为全面建设小康社会的目标之一。《纲要》明确提出坚持可持续发展的原则，"扶贫开发必须与资源保护、生态建设相结合，与计划生育相结合，控制贫困地区人口的过快增长，实现资源、人口和环境的良性循环，提高贫困地区可持续发展的能力"①。

关于东西扶贫协作，针对过去西部贫困地区对东部发达地区回馈比较微弱和双向互动机制不够健全的问题，《纲要》在继续强调增强帮扶力度的同时，凸显了互惠互利的原则。"继续做好沿海发达地区对口帮扶西部贫困地区的东西扶贫协作工作。要认真总结经验，根据扶贫开发规划，进一步扩大协作规模，提高工作水平，增强帮扶力度。对口帮扶双方的政府要积极倡导和组织学校结对帮扶工作；鼓励和引导各种层次、不同形式的民间交流与合作。特别是要注意在互利互惠的基础上，推进企业间的相互合作和共同发展。"② 这表明，在新世纪的头十年，党和政府对该项工作保持了高度重视，展开了新的战略部署。

2008年2月20日，国务院扶贫办发布《2008年东西扶贫协作工作指导意见》。意见围绕着重点帮扶集中连片特殊贫困地区的原则，在项目安排、工作管理、帮扶机制、研究宣传四个方面，提出了针对性指导意见。值得一提的是，意见要求，在坚持原有省际对口帮扶关系不变的情况下，"适当调整2008—2010年双方区县级对口帮扶结对关系，优先把西部集中连片特殊贫困地区纳入对口帮扶范围。调整后参加东西扶贫协作的东部县（市、区）数

---

① 国务院：《中国农村扶贫开发纲要（2001—2010年）》，2001年6月13日。
② 国务院：《中国农村扶贫开发纲要（2001—2010年）》，2001年6月13日。

不能减少，工作力度不能削弱"①。这一调整，在不削弱政策力度的前提下，突出了贫困治理的重点，提升了扶贫协作的效率。

2008年10月，党的十七届三中全会召开，会议通过了《中共中央关于推进农村改革发展若干重大问题的决定》，对于推进农村改革提出了一系列新的具体要求。决定特别指出，要"加大对革命老区、民族地区、边疆地区、贫困地区发展扶持力度。继续开展党政机关定点扶贫和东西扶贫协作，充分发挥企业、学校、科研院所、军队和社会各界在扶贫开发中的积极作用"②。

2009年3月，为顺利实现《纲要》计划完成的目标，国务院扶贫办又发布了《2009—2010年东西扶贫协作工作指导意见》。在短短一年时间内，两次针对东西扶贫协作工作下达指导意见，可见它已成为国家扶贫战略和政策体系的重要组成部分，同时也存在较大发展完善的空间。相较于2008年的意见，"加强东西扶贫协作队伍建设"在这里被着重强调。③ 长远看来，专业的人才队伍是制度执行和持续运行的有力保障，这表明，在国家整体治理体系构建的过程中，东西扶贫协作已经被视为一项重要的制度安排，要长期坚持下去。

2010年6月，根据经济发展和东西扶贫协作开展的实际情况，国务院扶贫开发领导小组对东西对口扶贫协作的结对关系进行了调整。具体调整如下：山东省原帮扶新疆10个县，调整为帮扶重庆市国家扶贫开发工作重点县，原对口帮扶重庆的厦门、珠海分别调整至甘肃临夏回族自治州、四川凉山彝族自治州。

经过此次调整，东部地区自身经济发展态势良好的地区调整增加了扶贫协作任务，少数民族集中分布的贫困地区获得了更强有力的援助。同时，东西部区域协作制度打破了西藏和四省藏区重点县和非重点县之间的界限，将

---

① 国务院扶贫开发办公室：《关于印发〈2008年东西扶贫协作工作指导意见〉的通知》，2008年2月20日。

② 《中共中央关于推进农村改革发展若干问题的决定》，载《人民日报》，2008年10月20日，第1版。

③ 国务院扶贫开发办公室：《关于印发〈2009—2010年东西扶贫协作工作指导意见〉的通知》，2009年3月12日。

其视为一个整体的集中连片特困地区进行攻坚,实现了对全国藏区的全覆盖,这在全国援藏工作史上有标志性意义。

2011年,第一个十年扶贫计划纲要完成,可谓有喜有忧。一方面,中国脱贫成就引人注目,在世界范围内,联合国曾在千年发展目标中希望实现贫困人口减半的子目标,中国率先实现了这一目标。另一方面,总体上来看,贫困地区经济社会发展水平依然偏低,贫困地区实现高质量发展仍存在诸多亟待破解的难题,扶贫开发仍然面临严峻挑战。2011年11月29日,中央扶贫开发工作会议召开,中央政治局常务委员会委员全部参加。从"全国扶贫开发工作会议"到"中央扶贫开发工作会议",中央对扶贫工作的重视程度进一步提升。会议的任务是总结过去特别是21世纪最初十年扶贫开发的成就和经验,全面部署2011—2020年扶贫开发的工作任务。在《中国农村扶贫开发纲要(2011—2020)》(以下简称新《纲要》)中,对于2001年以来的扶贫工作给予了这样的评价:"农村贫困人口大幅减少,收入水平稳步提高,贫困地区基础设施明显改善,社会事业不断进步,最低生活保障制度全面建立,农村居民生存和温饱问题基本解决,探索出一条中国特色扶贫开发道路,为促进我国经济发展、政治稳定、民族团结、边疆巩固、社会和谐发挥了重要作用,为推动全球减贫事业发展作出了重大贡献。"[①]

2011年11月,国务院扶贫办发布《中国农村扶贫开发的新进展》白皮书,系统总结过去十年扶贫开发的历程和经验。白皮书指出,在扶贫标准提升的前提下,贫困人口数量大幅减少,彰显了扶贫开发的卓越成就。"将全国农村扶贫标准从2000年的865元人民币逐步提高到2010年的1274元人民币。以此标准衡量的农村贫困人口数量,从2000年底的9422万人减少到2010年底的2688万人;农村贫困人口占农村人口的比重从2000年的10.2%下降到2010年的2.8%。"关于东西扶贫协作,白皮书强调,东西扶贫协作意义重大、成效显著。"东部发达省市与西部贫困地区结对开展扶贫协作,

---

① 国务院:《中国农村扶贫开发纲要(2011—2020年)》,北京:人民出版社2011年版。

是国家为实现共同富裕目标作出的一项制度性安排。""东西扶贫协作形式多样，形成了政府援助、企业合作、社会帮扶、人才支持为主的基本工作框架。从2003年到2010年，东部到西部挂职的干部2592人次，西部到东部挂职的干部3610人次；东部地区向西部地区提供政府援助资金44.4亿元人民币、协作企业5684个，实际投资2497.6亿元人民币、社会捐助14.2亿元人民币，培训专业技术人才22.6万人次、组织劳务输出467.2万人次"。①

从《国家八七扶贫攻坚计划》到《中国农村扶贫开发纲要（2001—2010年）》，区域扶贫协作同改革开放以来中国实施的许多政策一样，紧密围绕着党和国家社会主义现代化建设的核心任务。同时，又具有比较突出的"试验性政策"的特征，经历过一个"发现问题——局部试点——调整完善——总结推广"的发展历程。在一个幅员辽阔、历史悠久、人口众多、国情复杂的社会主义国家实施全方位的改革开放，是前所未有的伟大事业。

第二节　东西扶贫协作的主要内容

东西扶贫协作具体包括哪些内容？明确了对口协作关系后，各省区之间具体如何实现既定的扶贫目标？对此，前文提到1996年发布的报告中有过一个基础性的解释②，概括了开展东西扶贫协作的基本形式和主要内容。具体

---

① 《中国农村扶贫开发的新进展》，载《人民日报》，2011年11月17日，第23版。
② （1）帮助贫困地区培训和引进人才，引进技术和资金，传递信息，沟通商品交流渠道，促进物资交流；（2）开展经济技术合作。帮助贫困地区发展有利于尽快解决群众温饱的种植业、养殖业和相关的加工业，帮助贫困地区发展劳动密集型和资源开发型产品的生产；（3）组织经济较发达地区的经济效益较好的企业，带动和帮助贫困地区生产同类产品的经济效益较差的企业发展生产；（4）开展劳务合作。根据实际需要，合理、有序地组织贫困地区的剩余劳动力到经济较发达地区从业；（5）发动社会力量，在自愿的前提下，开展为贫困地区捐赠衣被、资金、药品、医疗器械、文化教育用品和其他生活用品的活动。《国务院办公厅转发国务院扶贫开发领导小组关于组织经济较发达地区与经济欠发达地区开展扶贫协作报告的通知》（1996年7月6日），见《中国农业年鉴》编辑委员会编：《中国农业年鉴1997》，北京：中国农业出版社1997年版，第531—532页。

而言，东西扶贫协作可以分为产业合作、劳务协作、人才支援、资金支持、社会参与五大领域。

（一）开展产业合作

产业扶贫是实现稳定脱贫的治本之道，符合开发式扶贫方针和充分发挥贫困人口主观能动性的原则，适用于绝大部分贫困地区。时至今日，产业扶贫在扶贫大格局中仍然扮演着不可替代的重要角色。在全面建设市场经济的大背景下，开展产业合作，是利用市场经济摆脱自然经济束缚，同时实现扶贫目标的良策。

随着开发式扶贫的方针逐步确立，区域扶贫协作也更加注重受援地实现自身发展的"造血"需要，开展产业合作可以充分调动受援地人口的能动性。早在1990年，邓小平就提出了"先富"的沿海地区如何帮助"后富"的内陆地区的操作层面的构想，特别强调技术转让是区域扶贫协作中一项重要内容。"沿海如何帮助内地，这是一个大问题。可以由沿海一个省包内地一个省或两个省，也不要一下子负担太重，开始时可以做些技术转让。"①

技术转让是产业合作的重要支撑。西部贫困地区经济基础薄弱，试错空间有限，更需要成熟的科学技术推动产业发展。通过企业并购、资产重组等形式，东部富裕地区发展成熟、技术领先的优质企业可以带动西部贫困地区同类企业发展生产。在帮扶贵州的过程中，工业历史悠久的青岛充分发挥产业多元、技术成熟、品牌知名的优势，积极帮助贵州发展特色产业。青岛海信集团公司与贵阳华日电器有限责任公司合资创办了贵阳海信电子有限公司。青岛方面提供资金、技术和设备，累计投资1925万元，占注册资本的51%；贵阳方面以原有厂房、折价设备投资1850万元，占注册资本的49%。1997年已经生产出"海信"牌电视机5.2万台，行销海内外。全国知名的海尔集

---

① 《邓小平文选》（第3卷），北京：人民出版社1993年版，第364页。

团与贵州航天工业总公司风华机械厂合资兴办贵州海尔电器有限公司,注册总资本3000万元。青岛海尔以无形资产和资金入股占股59%,贵州航天以厂房设备入股占股41%,利用海尔技术生产的新型冰箱已销往海内外,公司已经开始盈利。① 在这些案例中,协作双方各尽所能、取长补短,濒临倒闭的受援方企业无异于"浴火重生",增长趋缓的施援方企业也拓展了发展空间。

围绕产业合作,基础设施建设水平和社会公共服务质量都能获得一定程度的提升,也能增强贫困人口的幸福感和获得感,提高对扶贫开发工作的认同感和满意度。以上海和云南之间的对口帮扶协作为例,有数据表明,自1996年至2006年的10年间,上海在云南共投入无偿帮扶资金8.27亿元,实施教育、卫生、文化等各类社会事业帮扶合作项目2300多项,实施了以解决温饱、整村推进为主的帮扶项目2675项,新建希望学校、光彩学校198所,帮助培训各类人才16.2万人次,输出安置劳务18801人。此外,上海企业在云南累计投入经济合作资金16.3亿元,帮助50个村通了电,解决了166个乡、829个自然村看电视难的问题,使515个自然村、54175户贫困户直接受益,改善了贫困地区群众的基本生产和生活条件。为增强受援地区贫困农民的造血功能,上海市按照滚动投入的方式,实施了小额信贷帮扶工程,累计发放小额信贷资金8342.6万元,覆盖23个县8342.6人。②

产业兴旺能够极大推动贫困地区脱贫致富,产业发展的稳定关系到扶贫成效的可持续性。通过产业项目因地制宜发展找准脱贫路子,是扶贫工作的一条重要经验。根据西部贫困地区资源条件和东部发达地区独特优势,以实际问题和群众需求为导向,设计出符合当地实际情况和群众意愿的产业模式,兼顾短期脱贫任务和长远经济社会发展,是发达地区和贫困地区之间开展产

---

① 贵州省扶贫开发办公室:《高度重视 加强领导 精诚合作 切实做好对口帮扶工作》(1998年12月5日),见贵州省扶贫开发办公室编:《大连、青岛、深圳、宁波四个市对口帮扶贵州资料汇编》,2005年,第96页。

② 《上海云南对口帮扶10周年 贫困地区人民日渐富裕》,载《春城晚报》,2006年11月21日。

业合作的理想状况。

（二）组织劳务协作

就业是人民群众最为关心的民生问题之一。增加就业、组织劳务协作是最有效最直接的脱贫方式，也是区域扶贫协作的重要抓手。在对口支援和扶贫协作中，充分发挥贫困地区的劳动力比较优势，是一条可复制、可推广的经验。通过劳务输出，提升贫困人口技能素质，实现转移就业获得收入。一人就业，全家脱贫，这就有赖于输出地和输入地政府之间有效配合和积极协作，加大劳务输出培训投入。

随着我国改革开放推进和经济结构变动，劳动市场供需出现结构性失衡。一方面在制造业发达的东部地区，符合劳动力市场需求的技能型人才资源出现严重短缺。另一方面，在劳动力相对过剩的中西部地区，大量农村剩余劳动力处于待业状态，因为缺乏知识技能，往往跟不上时代发展步伐，因而面临就业困难。针对这一困境，国务院扶贫办决定通过在贫困地区开展劳动力转移培训，为劳动力跨地区转移就业提供便利条件。

2004年8月，国务院扶贫办发布《关于加强贫困地区劳动力转移培训工作的通知》，标志着这项旨在提升贫困人口劳动素质和技能的工作正式启动。同年，国务院扶贫办在11个省建立了贫困地区劳动力转移培训示范基地，以订单培训为主，重点根据用工量大的用人单位的招聘需求进行针对性培训，这些单位大多位于东部发达地区。至2005年，我国已建立各级培训基地1499个。2001—2005年4年间，共培训农村劳动力318万人。各级政府共投入资金6.1亿元。从培训的情况来看，受训者个人或家庭支付275—1500元，国家给受训者每人补贴600—1000元，就可以让一个四口之家脱贫，人均脱贫成本为219—625元，每万元就可以扶持16—45个人；而按照常规的扶贫方式，每万元仅能扶持1.34人。①

----

① 张磊主编：《中国扶贫开发政策演变（1949—2005）》，北京：中国财政经济出版社2007年版，第185页。

这项专门针对农村贫困人口实施的劳动力转移培训工程，被称为"雨露计划"。该计划针对三类人群①展开针对性帮扶。自 2007 年开始实施以来，这一计划如雨露滋润大地般，惠及了无数贫困人口，使得他们可以自食其力。《贫困青壮年劳动力转移培训工作实施指导意见》明确了培训规模和指标任务，并分解到了各省区。"十一五"期间，计划培训转移 500 万左右贫困青壮年劳动力；其中，2007 年要培训转移贫困青壮年劳动力 100 万人以上，转移就业率达到 90% 以上，稳定就业率达到 80% 以上，带动 400 万以上贫困人口摆脱贫困。②

仅 2009 年一年，西部贫困地区向东部发达地区有组织输出劳动力就达到 11.8 万人，合作开展劳务培训班 915 期，培训 7.5 万人次。③ 通过长期坚持劳务协作和相关培训，贫困劳动力增加了收入、开阔了视野、提升了素质，并逐步转化为适应生产发展需要的产业工人。组织劳务协作，不仅能有效解决贫困代际传递问题，也为企业提供了所需人力资源，是一项能够实现双赢的制度设计。实践证明，劳务协作是促进贫困劳动力稳定就业、实现增收脱贫的有效路径。输出输入地双方及时沟通、紧密协作，逐步建立并完善了横向协作、纵向联动、各尽所能、合力攻坚的工作机制。东西部之间跨区域的劳务协作，能够在人口流动中增进富裕地区和贫困地区之间的经济联系，促进区域协调发展。

（三）加强人才支援

贫困地区知识人才的匮乏，直接导致了贫困问题的恶化。加强对贫困地区的人才支援，是党和政府在文件中反复强调的一项重要扶贫措施。东部发

---

① 一是扶贫工作建档立卡的青壮年农民（16—45 岁）；二是贫困户中的复员退伍士兵（含技术军士）；三是扶贫开发工作重点村的村干部和能帮助带动贫困户脱贫的致富骨干。
② 国务院扶贫开发领导小组办公室：《关于印发〈关于在贫困地区实施"雨露计划"的意见〉和〈贫困青壮年劳动力转移培训工作实施指导意见〉的通知》，2007 年 3 月 20 日。
③ 《中国农业年鉴2010》，北京：中国农业出版社2011年版，第 124 页。

达地区在文化教育等方面有显著优势，人才资源同西部贫困地区相比较为丰富。按照人才支援的种类，人才支援可以分为干部交流、科技人才引进、教育培养三方面。

干部交流是我们党的一项优良传统，在党的历史上曾发挥过重要作用。在区域扶贫协作中发扬这一传统，对于推进扶贫工作和锻炼培养干部都有重要意义。来自东部富裕地区的干部能够提升西部贫困地区缺乏的组织协调能力，同时亲临一线的干部更加熟悉贫困地区情况，可以发挥桥梁和纽带作用，帮助当地协调争取急需的物资、技术等资源，实现精准帮扶。来自西部贫困地区的干部的成长或多或少地受到环境的限制，去到东部发达地区挂职工作，能够开阔眼界、增长才干、提升素养、积累经验，为返回西部开展工作奠定良好基础。

早在1991年，东西部扶贫协作机制尚未完全成型之时，江苏、陕西两省之间就率先开展了大规模的干部交流。这种尝试获得了中央领导的肯定，宋平、陈俊生都曾高度评价两省间的干部交流。宋平指出，"江苏向陕西省贫困地区派送大批干部，进行扶贫和干部交流的做法应予重视，这是先富带后富的有效办法，应予推广"。陈俊生则指出，"从组织上，经济发达地区和经济不够发达地区进行干部交流，将发展商品生产的技术方面、经营管理方面的经验传播到经济不够发达的地区，这样做是非常必要的，是一大创举。"①

广东、广西两省区地理位置毗邻、历史文化相近、人口流动频繁，但经济社会发展水平差距较大，这为在扶贫协作中开展干部交流创造了便利条件。两广扶贫协作，作为我国东西对口扶贫的一个先进案例，在干部培训交流方面积累了颇多先进经验。据统计，仅2010年一年，广东帮助广西举办各类培训班21期，培训干部550人次，举办专业人才培训班28期，培训专业技术人员550人次。在干部培训方面，主要的对象是广西各县市扶贫办负责人、

---

① 《宋平、陈俊生同志谈江苏陕西两省干部交流》，载《中国经济体制改革》，1991年第8期。

第三章　区域扶贫协作的迅速发展（1994—2011）

民营企业负责人以及部分自治区机关新农村建设指导员。另外，"百色、河池两市共选派优秀干部42人到广州、东莞两市及有关区、镇挂职，其中处级干部11人"①。粤桂两省区在区域扶贫协作的进程中，感情不断加深，联系日益密切，为"同饮一江水，携手奔小康"的美好追求而共同努力。

贫困地区急需科技人才。科学技术是第一生产力，技术指导需要通过科技人才实现，产业合作也需要科技人才落实。西部贫困地区的科技队伍，无论是从数量上还是质量上，都远远不能适应西部大开发和摆脱贫困的需要。东部发达地区在实施帮扶项目的过程中，大多注重发挥自身人才优势，通过人员互动实现技术互学、观念互通、作风互鉴。

比如在沪滇协作中，双方实施各类社会事业帮扶项目2310项，其中包括多个科技人才交流项目。由于在职的科技人才大多处于事业发展的关键时期，长期流动有较多制约因素，因而聘任退休科技人员担任长期顾问和组织在职人员开展短期挂职，成为沪滇人才交流的两种主要形式。在人才交流方面，云南先后选派241名干部到上海挂职锻炼，上海累计选派5批、77名干部到云南推进帮扶合作。上海还选派500余名支教教师到云南贫困地区执教，选派500余名青年志愿者到云南贫困地区开展智力扶贫活动。上海帮助云南培训教师2924人次。云南当地的一些企业还想方设法，与复旦大学、上海交通大学等知名高校和科研院所积极合作，实施了一批科技与生产相结合的项目，将科学技术转化为实实在在的发展成果。②

十年树木，百年树人。从长远来看，人才不能仅仅依靠外地支援，更要通过发展教育进行培养。从人才引进向人才培养逐步过渡，是西部贫困地区解决人才短缺问题的根本途径。教育公平是社会公平的重要基础，大力发展教育是阻断贫困代际传递的重要手段。教育资源分配不均，是阻碍贫困地区教育发展的难题，也直接影响我国整体经济社会发展的前景。因此，帮助贫

---

① 《中国扶贫开发年鉴》编委会编：《中国扶贫开发年鉴2011》，北京：中国财政经济出版社2011年版，第384—385页。

② 《上海云南对口帮扶10周年 贫困地区人民日渐富裕》，载《春城晚报》，2006年11月21日。

困地区摆脱教育落后的窘境，实施智力帮扶，成为东西扶贫协作的一项重要内容。以京蒙对口扶贫协作为例，1998年，在协作正式开始后的一年内，北京就为内蒙古受帮扶的18个贫困旗县修建希望小学28所，新增教室8000平方米，捐赠桌椅1100套、电脑46台、图书1370册，救助443名辍学儿童重返校园，使7300多名学龄儿童得以入学。①

2000年4月，遵照中央的决策部署，教育部和国务院扶贫开发领导小组提出，实施东部发达省市学校对口帮助西部贫困地区学校的措施，这为东西部扶贫协作增添了新的内容。《关于东西部地区学校对口支援工作的指导意见》中明确提出，按照1996年确定的对口帮扶关系，东部地区有关省区各选择100所学校、计划单列市各选择25所学校，与对口支援西部地区有关省区贫困地区同等数量的学校，开展结对帮扶。这项工程的目标在于，"逐步构建起东部地区、西部大中城市支援西部贫困地区学校的桥梁，进一步促进贫困地区义务教育的普及和教育教学质量的提高，缩小东西部地区教育水平的差距，着重在基础教育方面为西部大开发提供支持"②。

高等教育发展滞后是西部贫困地区人才紧缺的重要原因，因此提高西部地区重点高校办学水平和综合能力，是整体提升当地教育发展水平的当务之急。2001年6月，教育部下发了《关于实施"对口支援西部地区高等学校计划"的通知》，同年7月10日，专项座谈会召开。这次会议吸收借鉴对口支援的相关经验，正式拉开了支援西部地区高等学校的序幕。按照通知的要求，实施这项教育支援计划时，"要以人才培养为中心，以学科专业建设、师资队伍建设、学校管理制度与运行机制建设为重点，争取用五年的时间，使受援高校的教学、科研和管理水平有较大提高，为受援高校的长远发展奠定坚实基础"③。

---

① 梅桑榆：《山水相连心相印——京蒙扶贫协作纪实》，载《中国贫困地区》，1998年第3期。
② 《关于东西部地区学校对口支援工作的指导意见》（2000年4月20日），见刘江主编：《中国中西部地区开发年鉴（2000—2001）》，北京：中国财政经济出版社2001年版，第18—20页。
③ 《国务院关于实施西部大开发若干政策措施的通知》（2000年10月26日），见何东昌主编：《中华人民共和国重要教育文献1998—2002》，海口：海南出版社2003年版，第929—930页。

表 3.2　对口支援西部地区高等学校名单（2001 年首批确定）

支援高校	主管部门	受援高校	主管部门
北京大学	教育部	石河子大学	新疆生产建设兵团
清华大学	教育部	青海大学	青海省
中国农业大学	教育部	内蒙古农业大学	内蒙古自治区
北京师范大学	教育部	西北师范大学	甘肃省
复旦大学	教育部	云南大学	云南省
上海交通大学	教育部	宁夏大学	宁夏回族自治区
南京大学	教育部	西北大学	陕西省
浙江大学	教育部	贵州大学	贵州省
中国科学技术大学	中国科学院	西南科技大学	四川省
华中科技大学	教育部	重庆医科大学	重庆市
华南理工大学	教育部	广西大学	广西壮族自治区
西南交通大学	教育部	西藏大学	西藏自治区
西安交通大学	教育部	新疆大学	新疆维吾尔自治区

（四）增加资金支持

资金是扶贫工作的命脉，离开资金支持，扶贫工作就成了无本之木。在东西扶贫协作中，从中央到地方想方设法，切实加大对贫困地区的资金支持力度。

中央财政投入在全国用于扶贫开发资金中占比很高。《国家八七扶贫攻坚计划（1994—2000）》中就提出，要调整国家扶贫资金分配到各个地区的比例。"从 1994 年起，将分一到两年把中央用于广东、福建、浙江、江苏、山东、辽宁六个沿海经济比较发达省的扶贫信贷资金调整出来，集中用于中西部贫困状况严重的省、区。"[①] 这使得扶贫资金更有有针对性，更多地向中西部地区倾斜。在中央要求下，各省区也对扶贫资金投放结构进行了调整，集中向贫困问题严重的县、乡倾斜。

---

① 《国家八七扶贫攻坚计划（1994—2000）》，中共中央文献研究室编：《十四大以来重要文献选编》（上），北京：中央文献出版社 2011 年版，第 677 页。

在对口结对帮扶关系中，施援方的资金投入相当可观。以北京为例，1997年4月，北京市市长贾庆林率领北京代表团赴内蒙古进行实地考察，签署了《扶贫协作和经济技术合作会谈纪要》，北京市18个区县与内蒙古18个国定贫困旗县结成对口帮扶关系。截至1999年，三年间北京市和各区县向内蒙古方面捐赠帮扶资金和物资折款共计1.23亿，与当地政府和群众自筹资金7284万元配套使用，共实施了456个扶贫项目，成绩显著。1999年内蒙古农牧民人均收入比1996年提高了近200元，人均国内生产总值提高了近400元。①

2010年，随着《内蒙古自治区—北京市经济社会发展区域合作框架协议》开始落实，新一轮京蒙扶贫协作进入到经济社会全方位协作的新阶段。在关照整个内蒙古的同时，对口帮扶重点放在赤峰和乌兰察布两市，两市贫困人口占内蒙古全区贫困人口总数的47.7%，是扶贫攻坚的"坚中之坚"。根据双方签署的协作协议，北京市每年援助内蒙古的资金投入，由"十一五"期间的3060万元提高到8000万元。

表3.3 京蒙对口帮扶关系（2010年调整）

施援方	受援方	施援方	受援方
东城区	集宁区	房山区	察右中旗
西城区	喀喇沁旗	大兴区	察右前旗
石景山区	宁城县	昌平区	克什克腾旗
朝阳区	丰镇市	通州区	翁牛特旗
海淀区	敖汉旗	平谷区	商都县
丰台区	林西县	怀柔区	四子王旗
顺义区	巴林左旗	密云县	巴林右旗
门头沟区	察右后旗	延庆县	兴和县

---

① 《中国扶贫开发年鉴》编委会编：《中国扶贫开发年鉴2010》，北京：中国财政经济出版社2010年版，第469页。

据统计，自1996至2010年，东部发达地区通过各种不同渠道或形式共向西部贫困地区提供无偿援助资金共计78.6亿元。各帮扶省份则通过不同的形式持续对西部贫困地区的投入，极大地缓解了西部贫困地区的资金压力。为了加强对援助资金的管理监督，按照"专户管理、专账核算"的基本原则，协作双方建立起系统的追踪审计制度，发现问题及时查处，确保扶贫资金安全、规范、有序运行。比如，北京市制定了《北京与内蒙古经济合作专项资金管理办法》，天津市制定了《对口支援资金管理办法实施细则》，云南省制定了《沪滇对口帮扶项目管理暂行办法》，等等。

（五）动员社会参与

这一时期区域扶贫协作迅速发展形成的一个重要结果，就是扶贫工作中不再由政府唱"独角戏"，而是初步构建起了"政府—社会—市场"三位一体的大扶贫格局。在坚持政府主导的基础上，各个扶贫主体之间相互配合、积极协作，发挥各自优势，共同推进扶贫工作。

政府方面，加强对东西扶贫协作的领导，建立并完善运行相关运行机制。在减贫工作中，政府拥有无可替代的主导作用，这已经被国内外无数经验所证明。我国扶贫开发实行分级负责、以省为主的责任制，资金、权力、任务、责任"四个到省"。"一把手"在地方治理中处于核心地位，对重大工作的统筹推进和最终成效负有总责。"一把手"的政治素养、决策水平以及执行能力，在很大程度上决定了政策的实际效果、治理的效率以及发展的质量。特别是在扶贫工作中，这一负责制显得尤为重要。按照相关规定，主政地方的官员如果未能如期完成既定的扶贫目标，将面临严肃问责。

《国务院扶贫开发领导小组关于组织经济较发达地区与经济欠发达地区开展扶贫协作的报告》明确要求，"要确定一位领导同志负责这项工作，并明确具体承办部门。协作双方应每年召开一次联席会议，总结经验，协商解决有关问题。跨省、自治区、直辖市的扶贫协作工作由国务院扶贫开发领导小组负责组织和协调"①。在实际工作中，协作双方的联席会议在确定项目、协调矛盾、制定规划等方面，发挥了至关重要的作用。

社会方面，社会扶贫活力逐渐显现。广义上的社会扶贫主要是指调动发挥社会各界多种主体参与扶贫开发事业，对扶贫力量进行系统整合。狭义的社会扶贫指除政府和企业之外的社会组织或个人参与到扶贫开发事业中。同政府扶贫相比，社会扶贫规模较小，往往只能针对某些特定地区或特定群体开展工作。但同时，社会扶贫具有更加灵活、更加精准的优势，可以同政府行为相配合，成为扶贫体系的有益补充。

社会扶贫主要体现为越来越多的社会团体、基金会和民间机构进入到扶贫行列中。这些组织各有侧重，但普遍关注妇女儿童、残疾人等社会弱势群体，小额信贷和职业技能培训是它们主要的扶贫活动形式。中国扶贫基金会从2000年开始实施小额信贷项目，2008年成立了专门机构中和农信项目管理有限公司，负责该项目的实施和管理。宋庆龄基金会以宁夏彭阳县为重点帮扶对象，自2004年开始实施小额信贷项目，累计拨款260万元，采用"有偿使用、滚动回收"的办法，支援当地发展特色产业。截至2010年，已到期的贷款实际回收169.26万元，回收率84.63%。②

市场方面，不同类型的企业积极投身到东西扶贫协作之中，在大扶贫格局中融入了更多市场经济元素。企业是开展帮扶协作的主体，产业发展必须通过企业来实现。灵活性是企业扶贫的一大优势。在中国特色社会主义市场经济的框架下，无论是国有企业还是民营企业，都投入到了扶贫开发工作之中，可谓"八仙过海，各显神通"。

国有企业特别是中央企业，肩负着定点扶贫工作的社会责任。党政军机

---

① 《国务院办公厅转发国务院扶贫开发领导小组关于组织经济较发达地区与经济欠发达地区开展扶贫协作报告的通知》（1996年7月6日），《中国农业年鉴》编辑委员会编：《中国农业年鉴1997》，北京：中国农业出版社1997年版，第532页。

② 《中国扶贫开发年鉴》编委会编：《中国扶贫开发年鉴2011》，北京：中国财政经济出版社2011年版，第425、442页。

关、企事业单位开展定点扶贫，是中国特色扶贫开发事业的重要组成部分，也是我国政治优势和制度优势的重要体现。定点扶贫和东西扶贫协作同属于社会扶贫的范畴，都具有"对口结对帮扶"的"点对点"特征，在许多文件中常常被视为一个整体进行推进。西部贫困地区在基础设施建设方面普遍存在严重短板，中央企业大都涉及关系国计民生的重大领域，在完善基础设施建设方面大有可为。比如，中国移动通信集团定点帮扶黑龙江省汤原、桦南两个贫困县。2010年在汤原县内新建基站18座，铺设光缆140公里，总投资2160余万元。解决了数十个村屯的覆盖和部分地区网络容量问题，提高了网络的安全可靠性。在桦南县建设基站13座，计划到2011年移动基站将达到157座，载频数预计达到1300块。① 这些工程充分发挥了自身优势，改变了贫困地区信息通信水平落后的状况。在信息时代，信息往往就意味着财富和希望。

在扶贫开发工作中，也能看到民营企业活跃的身影。不同于国有企业，对于承担扶贫工作，民营企业并无明确的政治责任，这也超越了一般意义上西方话语体系下企业社会责任的范畴。改革开放以来先富裕起来的民营企业家，投入大量人力物力，将发展成果反哺贫困人口，彰显了企业家的家国情怀和扶危济困的传统美德。作为以非公有制经济人士为主的社会团体，中国光彩事业促进会以"光彩事业"命名，充分体现了非公有制经济人士投身扶贫事业的积极意愿。在2006年至2010年中国光彩事业促进会第三届理事会任期内，光彩事业共实施项目6425个，到位资金978.86亿元，安排就业292.03万人，培训230.33万人，带动786.63万人脱贫致富。2010年2月，民政部授予该组织"全国先进社会组织"称号。②

在多方共同努力和积极协作之下，东西扶贫协作成效显著。据统计，

---

① 《中国扶贫开发年鉴》编委会编：《中国扶贫开发年鉴2011》，北京：中国财政经济出版社2011年版，第346页。

② 《中国扶贫开发年鉴》编委会编：《中国扶贫开发年鉴2011》，北京：中国财政经济出版社2011年版，第447页。

2003 至 2010 年，东部地区向西部地区提供政府援助资金 44.4 亿元，协作企业 5684 个，实际投资 2497.6 亿元，社会捐助 14.2 亿元，东部到西部挂职的干部 2592 人，西部到东部挂职的干部 3610 人次，培训人才 22.6 万人次，组织劳务输出 467.2 万人次。[①]

相较于 2000 年之前的东西扶贫协作，随着参与主体逐渐多元化，这一时期的政策对贫困地区经济社会发展的溢出效应有所增强。扶贫工作呈现出精细化的趋势，东西扶贫协作不再仅仅局限于对国定贫困县的帮扶，而是下沉和扩展到更广阔的地域范围。在中央政府统一组织调度下，在西部大开发等区域发展战略有力支持下，西部贫困地区的社会发展水平显著提升。

---

① 左常升主编：《中国扶贫开发政策演变（2001—2015 年）》，北京：社会科学文献出版社 2016 年版，第 30—31 页。

第四章 区域扶贫协作的崭新格局（2012年以来）

摆脱贫困、改善民生是中国共产党一以贯之的奋斗目标，为了实现这一目标，党团结带领全国人民，开展了大量工作。改革开放以来，扶贫开发成效斐然，令人赞叹。但将扶贫开发提升到全面脱贫攻坚这一前所未有的战略高度，是从2012年党的十八大后开始的。这一时期的区域扶贫协作，在科学方针的指引下，获得了前所未有的突破发展，开创出崭新格局。

第一节 区域扶贫协作的理论创新

党的十八大以来，党中央立足于中国特色社会主义新时代国情，准确把握社会主要矛盾的变化，把脱贫攻坚作为全面建成小康社会的重要任务，纳入国家发展整体战略布局，摆到治国理政全局和中华民族伟大复兴的突出位置。习近平总书记高度重视扶贫工作，为此投入了大量的时间和精力，发表了许多关于扶贫工作的重要论述。中国特色扶贫理论实现了一系列理论创新，是持续推进中国扶贫工作的根本遵循，其中也不乏关于区域扶贫协作的内容。

(一) 全面打赢脱贫攻坚战

从"扶贫攻坚"发展到"脱贫攻坚",一字之变,彰显了党和国家对于全面打赢脱贫攻坚战、消除绝对贫困、实现全面建成小康社会的顽强决心和坚定信念。这种重视突出体现在反贫困政策的制定上。有学者统计,1979至2018年近四十年间,国家层面共发布了289个同反贫困工作密切相关的政策文件。其中2011年到2018年3月期间发布的反贫困政策就有128项,占政策文件总量的44.3%。[①] 对于脱贫攻坚的重视,达到了前所未有的程度。聚焦全面打赢脱贫攻坚战这一核心任务,中国特色扶贫理论实现了突破创新,主要体现在如下几个方面。

第一,明确了战略定位。将扶贫工作纳入"五位一体"总体布局和"四个全面"战略布局,作为治国理政的重要抓手,把扶贫工作的地位提高到了前所未有的战略高度。"农村贫困人口如期脱贫、贫困县全部摘帽、解决区域性整体贫困,是全面建成小康社会的底线任务,是我们作出的庄严承诺。"[②] 习近平总书记代表全党许下了这一承诺,也亲力亲为不折不扣地践行着这份承诺。仅以跨省区脱贫攻坚座谈会这一形式为例,自2015年起到2020年,他先后在延安、贵阳、银川、太原、成都、重庆、北京主持召开了七场专题座谈会[③],针对扶贫工作实践中出现的最为突出的问题,围绕主题广泛吸收意见精准施策,收到了明显成效。2014年8月1日,国务院决定从2014年起,设立"扶贫日",定为10月17日,寓意"与你一起"。设立"扶

[①] 王超、刘俊霞:《中国反贫困工作40年历史演进——基于1979—2018中国反贫困政策的量化分析》,载《中国农村经济》,2018年第12期。

[②] 习近平:《在十八届中央政治局第三十九次集体学习时的讲话》(2017年2月21日),中共中央党史和文献研究院编:《习近平扶贫论述摘编》,北京:中央文献出版社2018年版,第19页。

[③] 这七场座谈会分别为:2015年2月13日,在延安召开陕甘宁革命老区脱贫致富座谈会;2015年6月18日,在贵阳召开涉及武陵山、乌蒙山、滇桂黔集中连片特困地区扶贫攻坚座谈会;2016年7月20日,在银川召开东西部扶贫协作座谈会;2017年6月23日,在太原召开深度贫困地区脱贫攻坚座谈会;2018年2月12日,在成都召开打好精准脱贫攻坚战座谈会;2019年4月16日,在重庆召开解决"两不愁三保障"突出问题座谈会;2020年3月,在北京召开决战决胜脱贫攻坚座谈会。

贫日"充分体现了党中央、国务院对于扶贫开发工作的高度重视，凝聚全社会的力量投入脱贫攻坚战。

第二，明确了具体目标。在时间约束上，2015年，党的十八届五中全会正式明确，到2020年，我国现行标准下农村贫困人口实现脱贫，贫困县全部摘帽，解决区域性整体贫困问题。所谓现行标准，是指以2010年价格水平每人每年人民币2300元为基准，此基准可能会根据经济情况不定期调整。这里必须指出，在目标设定和时间限定方面的约束，并不意味着贫困作为一个问题或一种现象将被完全消除，事实上它不会也不可能走向彻底的终结。这种目标设定的任务完成后，贫困问题将从原发性的绝对贫困进入一个以转型性的次生贫困为特点的新阶段。2020年绝对贫困消除后，相对贫困在我国仍然将长期存在，扶贫工作要做好持久战的准备。

在具体的脱贫目标上，提出"两不愁""三保障"这一通俗易懂的标准。"两不愁"即不愁吃、不愁穿，"三保障"即保障义务教育、基本医疗、住房安全。同时，"实现贫困地区农民人均可支配收入增长幅度高于全国平均水平，基本公共服务主要领域指标接近全国平均水平。"[①] 这一具象化目标，符合当前农村贫困人口生活的实际情况，提高了贫困标准的操作性。制定这一目标，就是要以最大的决心和魄力，补齐全面建成小康社会存在的突出短板——农村贫困人口脱贫，以农村贫困人口的反馈作为政策的根本检验标准。2015年习近平在贵州调研时，就生动地阐释了这一道理："党中央的政策好不好，要看乡亲们是笑还是哭。如果乡亲们笑，这就是好政策，要坚持；如果有人哭，说明政策还要完善和调整。"[②]

第三，明确了全面部署。2016年11月，国务院印发《"十三五"脱贫攻坚规划》，成为五年规划中的重要专项之一，对扶贫工作来说尚属首次。该

[①] 习近平：《在中央扶贫开发工作会议上的讲话》（2015年11月27日），《十八大以来重要文献选编》（下），北京：中央文献出版社2018年版，第33—34页。

[②] 习近平：《在贵州调研时的讲话》（2015年6月16日—18日），载《人民日报》，2015年6月19日。

文件同《关于打赢脱贫攻坚战的决定》《关于打赢脱贫攻坚战三年行动的指导意见》一道,成为指导中国特色社会主义新时代扶贫工作的纲领性文件。以习近平同志为核心的党中央致力于结合实际需要,不断完善脱贫攻坚的顶层设计,通过会议、文件、讲话、调研等多种形式全面部署,创新建立了责任、政策、投入、动员、考核、督查六大制度体系。为进一步细化落实决策部署,据不完全统计,截至2018年,中办、国办出台扶贫文件20个,中央和国家机关各部门出台政策文件或实施方案256个。① 省市县地方政府在中央顶层设计的指导下,结合自身实际,积极探索和实践,因地制宜地进行了政策和模式创新,形成了大量扶贫先进案例和典型做法。

  第四,明确了主体责任。扶贫工作需要集中力量、协调各方、常抓不懈,因而坚持党的领导和政府主导,一直是中国扶贫开发道路的一条基本经验。有学者认为,我国反贫困模式可以总结为"两线一力","两线"即经济发展和社会安全网两条线索,"一力"即政府主导力。② "党政军民学,东西南北中,党是领导一切的。"扶贫工作亦是如此。党的十八大以来,习近平总书记在更加突出强调党的领导的同时,进一步明确了扶贫工作主体责任,构建了较为完善的领导责任制。他多次强调要"把中央统筹、省负总责、市(地)县抓落实的管理体制,片为重点、工作到村、扶贫到户的工作机制,党政一把手负总责的扶贫开发工作责任制,真正落到实处"③。同时为了层层落实责任,中央农村工作领导小组和国务院扶贫开发领导小组制定了《脱贫攻坚责任书》,并要求地方各级党政一把手签订军令状,作为第一责任人。"党的十八大以来,各省市区党政一把手向中央签军令状的,只有脱贫攻坚

---

① 国务院扶贫办政策规划司、国务院扶贫办全国扶贫宣传教育中心编:《脱贫攻坚干部培训十讲》,北京:研究出版社2018年版,第57页。

② 参见闫坤、于树一:《论新时期我国"两线一力"的反贫困模式》,载《全球化》,2014年第2期。

③ 习近平:《在部分省区市扶贫攻坚与"十三五"时期经济社会发展座谈会上的讲话(节选)》(2015年6月18日),中共中央党史和文献研究院编:《习近平扶贫论述摘编》,北京:中央文献出版社2018年版,第36页。

这一项工作。"① 在自上而下的强力推动下，全国形成了省、市、县、乡、村"五级书记抓扶贫"的良好局面，发挥了我国社会主义制度无与伦比的独特优势，为赢得脱贫攻坚战的胜利奠定了政治和组织基础。

（二）实施精准扶贫

2013年11月，习近平总书记在湖南湘西"十八洞村"考察时，首提"精准扶贫"概念。他指出："扶贫要实事求是，因地制宜。要精准扶贫，切忌喊口号，也不要定好高骛远的目标。"随着扶贫实践的不断推进，精准扶贫精准脱贫方略逐步形成并完善，成为打赢脱贫攻坚战的基本方略和习近平关于扶贫的重要论述的核心。② 具体挖掘其内涵，就是要做到"六个精准"：扶持对象精准、项目安排精准、资金使用精准、措施到户精准、因村派人精准、脱贫成效精准。2015年6月18日，习近平在部分省区市扶贫攻坚与"十三五"时期经济社会发展座谈会上，首次提出"六个精准"的要求。在随后召开的中央扶贫开发工作会议上，他又系统地阐述了这一要求的具体内容。

首先，扶持对象精准。精准识别贫困群体是开展精准扶贫的前提，只有率先解决了"扶持谁"的问题，才能具体问题具体分析，针对性地确定扶贫办法。因此，习近平在相关论述中多次强调摸清"底数"，掌握准确翔实的第一手资料。"多年来，我国贫困人口总数是国家统计局在抽样调查基础上推算出来的，没有具体落实到人头上……这两年，各地花了大量精力做建档立卡工作，就是要把不清不楚变成一清二楚。"③ 精准识别既要体现静态要

---

① 习近平：《在打好精准脱贫攻坚战座谈会上的讲话》（2018年2月12日），载《求是》，2020年第9期。

② 精准扶贫，是指通过相应的制度安排和政策支持，将扶贫资源通过一定的方式准确地传递给符合条件的目标人群，帮助他们通过一定形式改善自己的条件和提高自己的能力、进而摆脱贫困的一种全过程精准的、特殊的目标瞄准扶贫方式。见李培林、魏后凯、吴国宝主编：《中国扶贫开发报告（2017）》，北京：社会科学文献出版社2017年版，第2—3页。

③ 习近平：《在中央扶贫开发工作会议上的讲话》（2015年11月27日），见《十八大以来重要文献选编》（下），北京：中央文献出版社2018年版，第35页。

求,找到切实存在的贫困人口;又要体现动态要求,定期"回头看",把脱贫人口及时退出,返贫人口及时纳入。在精准识别中,我国采取了自上而下与自下而上相结合的办法,由村民自愿申请,经乡、县核准后确定名单,并对每一户贫困户建档立卡,动态追踪管理。习近平还介绍过一个精准识别进村入户的先进典型:"贵州省威宁县迤那镇在实践中总结出了'四看法':一看房、二看粮、三看劳动力强不强、四看家中有没有读书郎。"[①] 同时,确定贫困户与帮扶责任人的帮扶关系,制定详细帮扶计划,做到不完全脱贫就不彻底脱钩。

为落实精准识别扶贫对象的要求,2012 年,国务院扶贫办发布《国家扶贫开发工作重点县名单》,重新明确划定了脱贫攻坚战的"主战场"。从地域分布上看,592 个国家扶贫开发工作重点县全部集中于我国中西部地区,包含中部省份 217 县、西部省份 375 县。另外,民族问题与贫困问题相互交织,少数民族地区的贫困问题仍然突出。民族八省区(少数民族人口相对集中的内蒙古、广西、西藏、宁夏、新疆 5 个自治区和贵州、云南、青海 3 个省份)有 232 个县列入名单中,占总数的 39.2%。

第二,项目安排精准。在"怎么扶"的问题上,通过产业项目发展找准脱贫路子,是扶贫工作的一条重要经验。脱贫攻坚战越到后期难度越大,越是需要集中力量找准穷根对症下药。这就要求根据贫困地区资源条件,以实际问题和群众需求为导向,设计出符合当地实际情况和群众意愿的产业模式,兼顾短期脱贫任务和长远经济社会发展。习近平曾用一系列比喻强调了找准脱贫好思路的重要性:"脱贫攻坚要取得实实在在的效果,关键是要找准路子、构建好的体制机制,抓重点、解难点、把握着力点。空喊口号、好大喜功、胸中无数、盲目蛮干不行,搞大水漫灌、走马观花、大而化之、手榴弹炸跳蚤也不行,必须在精准施策上出实招、在精准推进上下实功、在精准落

---

① 习近平:《在部分省区市扶贫攻坚与"十三五"时期经济社会发展座谈会上的讲话(节选)》(2015 年 6 月 18 日),见中共中央党史和文献研究院编:《习近平扶贫论述摘编》,北京:中央文献出版社 2018 年版,第 59 页。

地上见实效。"①

第三，资金使用精准。扶贫资金具有量大、面广、点多、线长等特点，是扶贫工作中的血脉，直接关系到工作成效，也是问题的多发区。为了实现资金使用精准，主要要做好三方面的工作：一是拨付足量及时。各级政府在加大财政投入继续担负主体责任的同时，要调动企业、社会等主体的积极性，增加扶贫资金总量。同时，各级政府要认真做好预算编制，着重将资金投入到贫困地区急需的交通、就业、住房、医疗、教育等关键领域，补齐基础设施和公共服务的短板。二是使用统筹高效。对目标相近的各类资金进行整合，改变资金使用效率低下的问题。要适度下放资金使用权，"以重点扶贫项目为平台，把专项扶贫资金、相关涉农资金、社会帮扶资金捆绑使用。要发挥好各级扶贫开发领导小组在扶贫政策安排、扶贫规划制定、扶贫工程实施上的统筹协调作用，提高资金使用效率"②。三是监管严格有力。要制定细致精准的扶贫项目台账，实现对扶贫资金的全过程全方位监管。习近平反复强调这些"救命钱"必须规范监管，严禁在扶贫资金上"动手脚"："要加强扶贫资金阳光化管理，加强审计监管，集中整治和查处扶贫领域的职务犯罪，对挤占挪用、层层截留、虚报冒领、挥霍浪费扶贫资金的，要从严惩处！"③

第四，措施到户精准。中央有关文件指出，"根据致贫原因和脱贫需求，对贫困人口实行分类扶持"④。贫有百样困有千种，要实现真扶贫、扶真贫，在掌握贫困户现实状况和脱贫需要的基础上，尽可能多地掌握信息资源，提供专业分析，制订有针对性的帮扶计划。同时要注意保证扶贫措施的长期性

---

① 习近平：《在中央扶贫开发工作会议上的讲话》（2015年11月27日），见《十八大以来重要文献选编》（下），北京：中央文献出版社2018年版，第38页。

② 习近平：《在中央扶贫开发工作会议上的讲话》（2015年11月27日），见《十八大以来重要文献选编》（下），北京：中央文献出版社2018年版，第48—49页。

③ 习近平：《在中央扶贫开发工作会议上的讲话》（2015年11月27日），见《十八大以来重要文献选编》（下），北京：中央文献出版社2018年版，第92页。

④ 《中共中央、国务院关于打赢脱贫攻坚战的决定》（2015年11月29日），见《十八大以来重要文献选编》（下），北京：中央文献出版社2018年版，第55页。

和稳定性,不因基层组织人员更迭而随意变动。在长期的脱贫实践中,各地探索总结出了许多有效的做法,习近平就简单归纳列举过其中的十多种:"发展特色产业扶贫、组织劳务输出扶贫、资产收益扶贫、易地搬迁扶贫、生态保护脱贫、发展教育脱贫、医疗保险和医疗救助脱贫、低保兜底脱贫、社会公益脱贫等。"①

第五,因村派人精准。"致富不致富,关键看干部。"② 习近平强调贫困地区人才队伍模范带头作用和农村基层党组织在扶贫攻坚战中的战斗堡垒作用:"农村要发展,农民要致富,关键靠支部。"③ "扶贫开发,要给钱给物,更要建个好支部。"④ 为了加强一线脱贫干部人才质量,提升基层党组织凝聚力和战斗力,全国普遍建立起驻村工作队制度,并选派了大量能力突出、信仰坚定的干部担任贫困村驻村第一书记。2015 年 4 月,《关于做好选派机关优秀干部到村任第一书记工作的通知》对驻村第一书记工作的选派范围、人员条件、职责任务、管理考核、组织领导提出了具体要求,特别提出对建档立卡的贫困村要重点关注。⑤ 这些干部负责推动扶贫政策落实、制定脱贫计划、落实扶贫项目、整合扶贫资源,付出了艰辛劳动,收获了巨大成绩。习近平非常关心扶贫干部的工作和生活状况,"在扶贫一线的扶贫干部绝大部分牢记使命重托,用自己的辛苦换来贫困群众的幸福,有的长期超负荷运转,有的没时间照顾家庭孩子,有的身体透支亮红灯,有的甚至献出了宝

---

① 习近平:《在十八届中央政治局第三十九次集体学习时的讲话》(2017 年 2 月 21 日),见中共中央党史和文献研究院编:《习近平扶贫论述摘编》,北京:中央文献出版社 2018 年版,第 76 页。

② 习近平:《在东西部扶贫协作座谈会上的讲话》(2016 年 7 月 20 日),见中共中央党史和文献研究院编:《习近平扶贫论述摘编》,北京:中央文献出版社 2018 年版,第 43 页。

③ 习近平:《在河北省阜平县考察扶贫开发工作时的讲话》(2012 年 12 月 29 日、30 日),见《做焦裕禄式的县委书记》,北京:中央文献出版社 2015 年版,第 20 页。

④ 习近平:《在部分省区市扶贫攻坚与"十三五"时期经济社会发展座谈会上的讲话(节选)》(2015 年 6 月 18 日),见中共中央党史和文献研究院编:《习近平扶贫论述摘编》,北京:中央文献出版社 2018 年版,第 37 页。

⑤ 《中共中央组织部 中央农村工作领导小组办公室 国务院扶贫开发领导小组办公室关于做好选派机关优秀干部到村任第一书记工作的通知》,载《人民日报》,2015 年 5 月 1 日,第 4 版。

贵的生命"①。但在实际工作中,由于驻村干部和支援单位的差异,不同地区获得的扶贫资源往往差距悬殊,驻村工作难度也是千差万别。因此,要进一步完善驻村干部的选拔、选派、考核和任用工作,充分考虑干部工作的实际情况和客观困难,使他们在扶贫工作中发挥更大作用。

第六,脱贫成效精准。在验收扶贫成果时,关键是要解决好"如何退"的问题,从严考核监督。在具体实现路径上,主要包括健全考核机制、完善退出机制和建立第三方评估机制。考核工作从2016年起至2020年每年开展一次,由国务院扶贫开发领导小组组织进行,对贫困识别、群众反映、资金使用、减贫成效等方面进行考核。贫困县退出时,要依照脱贫摘帽时间表,更要符合客观实际,不能出现口号中的"假脱贫",也不能为摘帽而摘帽。总而言之,在考核脱贫成效时,要注意避免急躁和拖延两种错误倾向,坚决反对形式主义和弄虚作假,使脱贫攻坚成果真正落到实处,经得起历史检验。

精准脱贫是党的十八大以来扶贫工作最富创新性的特征之一。在这一方针指引下,关于区域扶贫协作的理论聚焦被帮扶地区贫困人口稳定脱贫的重点难点,也实现了守正创新,真正做到帮到点上、扶到根上。

(三) 区域扶贫协作理论创新的具体表现

党的十八大以来,中国特色减贫理论创新极其丰富,其中不乏关于区域扶贫协作的内容。具体而言,这些创新有以下三个要点。

第一,高度评价东西部扶贫协作的历史成就和战略意义。习近平站在发挥社会主义制度优越性和实现国家协调发展的战略高度,充分肯定东西部扶贫协作取得的成就,并明确提出要将其长期坚持下去。通过实施东西部扶贫协作,我国区域发展差距扩大的趋势逐步扭转,西部地区城乡居民收入大幅提高、基础设施极大改善、综合实力显著增强。"东西部扶贫协作和对口支援,是推动区域协调发展、协同发展、共同发展的大战略,是加强区域合作、

---

① 习近平:《在解决"两不愁三保障"突出问题座谈会上的讲话》(2019年4月16日),载《求是》,2019年第16期。

优化产业布局、拓展对内对外开放新空间的大布局，是实现先富帮后富、最终实现共同富裕目标的大举措，必须长期坚持下去。"①

第二，客观分析东西部扶贫协作的实施情况和存在的问题。习近平认为，过去东西部扶贫协作工作尽管取得了不少成就，但同其他形式的扶贫工作一样，存在不够"精准"的问题，影响到了扶贫成效，需要及时指出并纠正。比如在扶贫产业选择上，大而化之的选择较多，难以保持脱贫致富的稳定性。"产业扶贫是稳定脱贫的根本之策，但现在大部分地区产业扶贫措施比较重视短平快，考虑长期效益、稳定增收不够，很难做到长期有效。"② 为了扭转这一局面，区域扶贫协作要按照精准扶贫、精准脱贫要求开展工作，真正惠及贫困人口，帮扶要帮到症结上。"要紧盯扶贫对象，实施动态管理，应该退出的及时销号，符合条件的及时纳入，定期开展'回头看'活动，既不漏掉真正的贫困人口，也不能把非贫困人口纳入扶贫对象。"③

第三，科学提出东西部扶贫协作的发展方向和政策措施。习近平指出，脱贫攻坚形势严峻，扶贫协作不能仅靠支援方单方面的付出，要充分发挥东西部地区两方面的积极性。"西部地区要增强紧迫感和主动性，不以事艰而不为，不以任重而畏缩，倒排工期、落实责任、抓紧施工、强力推进。东部地区要增强责任意识和大局意识，下更大气力帮助西部地区打赢脱贫攻坚战。"④ 另外，为了提升扶贫协作的实效，要广泛动员社会各界力量，扩大区域扶贫协作的参与范围，凝聚起扶贫开发的强大合力。为此，国家设立了全国脱贫攻坚奖，树立脱贫攻坚的先进典型，调动社会各方面的帮扶热情。除了常规的

---

① 习近平：《在东西部扶贫协作座谈会上的讲话》(2016年7月20日)，见中共中央党史和文献研究院编：《习近平扶贫论述摘编》，北京：中央文献出版社2018年版，第101—102页。
② 习近平：《在打好精准脱贫攻坚战座谈会上的讲话》(2018年2月12日)，载《求是》，2020年第9期。
③ 习近平：《在东西部扶贫协作座谈会上的讲话》(2016年7月20日)，见中共中央党史和文献研究院编：《习近平扶贫论述摘编》，北京：中央文献出版社2018年版，第73页。
④ 习近平：《在东西部扶贫协作座谈会上的讲话》(2016年7月20日)，见中共中央党史和文献研究院编：《习近平扶贫论述摘编》，北京：中央文献出版社2018年版，第102页。

捐款捐物之外，也可以拓展其他形式。"脱贫致富不仅仅是贫困地区的事，也是全社会的事。要更加广泛、更加有效地动员和凝聚各方面力量。"①

中国特色减贫理论内涵丰富逻辑严密，涉及治国理政中各个领域，有很强的科学性、战略性、前瞻性、指导性。党的十八大以来脱贫攻坚领域一系列超常规措施的运用，和理论创新同向同行、相互促进。区域扶贫协作在科学理论指引下，进一步明确了主要目标、工作机制、主要任务，开启了新的发展阶段。

（四）中国特色反贫困理论的原创性贡献

中国特色反贫困理论集中凝练在习近平关于扶贫的重要论述中，充分体现了人民性、科学性、创新性、国际性等理论品格，具有重大贡献和丰富价值。其理论意义在于，它在反贫困理论中实现了重大创新。其现实意义在于，它为脱贫攻坚事业提供了科学指导。其世界意义在于，它为世界减贫事业提供了中国经验。

第一，在反贫困理论中实现了重大创新。作为习近平新时代中国特色社会主义思想的重要组成部分，习近平关于扶贫的重要论述在整个思想体系中地位突出。它涵盖脱贫攻坚的奋斗目标、战略任务、工作格局、政治保障、科学方法等各个方面，准确回应了时代之问。随着社会发展和我国社会主要矛盾转化，如何消除贫困，是时代提出的一个不容忽视亟待解决的重大问题。从发展中国特色社会主义的全局来看，啃下脱贫攻坚这块"硬骨头"，无疑具有重大的理论意义。

作为马克思主义反贫困理论中国化的最新成果，习近平关于扶贫的重要论述在马克思主义发展史上意义深远。习近平强调对不同贫困地区要因地制宜精准施策，体现了实事求是、具体问题具体分析的马克思主义方法论；从贫困识别、帮扶策略、交叉考核、规范监督等多个方面综合设计，体现了综

---

① 习近平：《在中央扶贫开发工作会议上的讲话》（2015年11月27日），见《十八大以来重要文献选编》（下），北京：中央文献出版社2018年版，第50页。

合平衡的马克思主义系统论；坚持以人民为中心，真真切切把人民诉求摆在首位，把为人民服务作为最大追求，体现了人民群众是历史创造者的马克思主义人民性。这些重要论述，丰富和发展了马克思主义反贫困理论，是运用马克思主义的立场、观点、方法来解决中国扶贫工作具体问题的杰出典范。

第二，为脱贫攻坚事业提供了科学指导。脱贫攻坚成就非凡，在国内外引发热议。习近平扶贫重要论述科学回答了扶贫实践中"为何扶""扶持谁""谁来扶""如何扶""怎样退"等一系列重大理论和现实问题，是推进脱贫攻坚的根本遵循和科学指南。在全社会的共同努力下，大量农村贫困人口实现稳定脱贫，一大批贫困县陆续摘帽，这些成就都离不开科学理论的指导。

以这些重要论述为指导，各级党政机关特别是广大农村的基层治理能力和水平不断提高，党群、干群关系得到改善，中国共产党的执政基础更加稳固。各级党委政府通过扶贫工作，不仅提升了基层治理现代化程度，也在攻坚克难的过程中提升了治理能力，特别是资源调配和组织协调能力。党员干部和人民群众之间的联系，在脱贫攻坚战中得以加强，党密切联系群众的优良作风得到发扬。可以预见，这些宝贵经验，在乡村振兴战略的实施过程中仍将发挥至关重要的作用。

第三，为世界减贫事业提供了中国经验。贫困阻碍着中国发展，也困扰着世界其他国家。作为世界上人口最多的国家，中国在发展中国家中最早实现千年发展目标中的减贫目标，展现了负责任、有担当的大国形象。2020年，中国历史性地解决绝对贫困问题，提前10年实现联合国确定的减贫目标，这注定会载入人类发展的史册。中国脱贫攻坚取得的巨大成就，直接促进了世界减贫事业的发展，也激励了全球围绕减贫工作积极开展国际合作的信心。

中国特色扶贫理论与实践，还为其他国家的减贫工作提供了成功范例。目前，如何解决区域性整体贫困，是全球贫困治理的焦点，许多国家特别是发展相对落后的国家还在苦苦探索摆脱贫困的良策。党和政府领导全国人民扎根中国大地，探索出了一条中国特色的扶贫道路，为世界各国解决本国贫困问题提供了可资借鉴的中国方案。这一方案强调以坚强有力的执政党和政府为主导，以全面系统的战略政策为支撑，以广泛动员全社会各方力量为基础，根据本国国情实际稳步实现脱贫目标。这一积极有为的方案，无疑是对西方传统"涓滴效应"的消极减贫理论的超越，有助于全球贫困问题的解决。

总之，中国特色反贫困理论是一个内涵丰富、外延广阔的思想体系，在改革开放史、社会主义建设史、马克思主义发展史、人类社会减贫史上，都具有重要的历史地位和独特的时代贡献，是我们扶贫工作的根本遵循和理论指南，需要在新征程上继承发扬下去。

第二节　区域扶贫协作的实践探索

2004年5月，在上海召开的世界银行全球扶贫大会上，温家宝总理在开幕式上发表了题为"为减少全球贫困而携手行动"的主旨演讲，来自全球120多个国家的1200多名代表参加了大会。东西扶贫协作作为中国最成功的扶贫案例之一，在会上被介绍给全世界，引起热烈反响。"上海帮扶云南的例子表明，一个国家地方单位之间的帮扶与合作可以调动政府与社会团体的资源，在较短的时间内减轻贫困并实现其他重要目标。对地区发展严重不平衡、中央政府无力向贫困地区进行财政转移并无力在贫困地区实施减轻贫困项目的发展中国家来说，上海的经验尤为重要。"[①]

如何建立区域扶贫协作的长效机制，确保这项制度持续发挥积极作用和减贫实效，既是理论问题，也是实践问题。党的十八大以来，在中央科学统筹下，区域扶贫协作孕育出了许多创新性实践成果。这突出表现在三个方面：一是根据经济社会发展变动情况对省级结对关系的调整完善，二是"携手奔小康"这一基层结对模式的新发展，三是脱贫攻坚监督考核机

---

① 世界银行：《上海全球扶贫大会案例摘要汇编》，2004年，第203页。

制的强化。

（一）调整完善省级结对关系

改革开放以来，中国的区域发展差距主要表现为东西差距。但近些年来，东西差距有所缩小，南北差距却呈现出不断扩大的趋势。特别是东北地区作为我国传统的老工业基地，体制性、结构性矛盾日益凸显，经济社会发展面临着诸多困境。2018年11月，中共中央、国务院在《关于建立更加有效的区域协调发展新机制的意见》中提出除了要继续坚持实施东西部扶贫协作和对口支援之外，还要创新开展对口协作，将东北地区纳入其中。"进一步深化东部发达省市与东北地区对口合作，开展干部挂职交流和系统培训，建设对口合作重点园区，实现互利共赢。"[①] 这无疑是通过协作缩小区域发展差距的新探索。

结对关系的调整在区域扶贫协作整体部署中处于关键地位。2016年7月，在东西部扶贫协作开展20周年的历史性时刻，习近平总书记在银川主持召开了东西部扶贫协作座谈会。这是改革开放以来东西部扶贫协作发展过程中的标志性事件。2016年12月，《关于进一步加强东西部扶贫协作工作的指导意见》印发并实施，重新明确了东西部扶贫协作的总体要求、结对关系、主要任务和保障措施。意见结合施援方和受援方双方面的情况，重新调整了扶贫协作的结对关系。[②]

---

① 中共中央、国务院：《关于建立更加有效的区域协调发展新机制的意见》，2018年11月18日。
② 调整后的东西部扶贫协作结对关系为：北京市帮扶内蒙古自治区、河北省张家口市和保定市；天津市帮扶甘肃省、河北省承德市；辽宁省大连市帮扶贵州省六盘水市；上海市帮扶云南省、贵州省遵义市；江苏省帮扶陕西省、青海省西宁市和海东市，苏州市帮扶贵州省铜仁市；浙江省帮扶四川省，杭州市帮扶湖北省恩施土家族苗族自治州、贵州省黔东南苗族侗族自治州，宁波市帮扶吉林省延边朝鲜族自治州、贵州省黔西南布依族苗族自治州；福建省帮扶宁夏回族自治区，福州市帮扶甘肃省定西市，厦门市帮扶甘肃省临夏回族自治州；山东省帮扶重庆市，济南市帮扶湖南省湘西土家族苗族自治州，青岛市帮扶贵州省安顺市、甘肃省陇南市；广东省帮扶广西壮族自治区、四川省甘孜藏族自治州，广州市帮扶贵州省黔南布依族苗族自治州和毕节市，佛山市帮扶四川省凉山彝族自治州，中山市和东莞市帮扶云南省昭通市，珠海市帮扶云南省怒江傈僳族自治州。《关于进一步加强东西部扶贫协作工作的指导意见》（2016年12月7日），见杨临宏编：《扶贫工作研究参考文献集萃》，昆明：云南大学出版社2017年版，第214—216页。

第四章 区域扶贫协作的崭新格局（2012年以来）

这次调整有三个特点。一是凸显了对深度贫困地区的重点照顾，实现了对30个少数民族自治州的全覆盖。我国的深度贫困地区，无论是从贫困县抑或是贫困村角度衡量，都大多集中于民族地区。这些地区长期处于贫困状态中，即便暂时脱贫，返贫风险也极高，必须下大气力进行支援。二是适当调减了东部地区部分省区的扶贫协作任务。比如之前对口支援青海省的辽宁省，由于自身经济社会发展出现一些问题，除了大连市仍然承担帮扶六盘水市的任务之外，不再承担一个省份的帮扶任务。经济发展水平较高的江苏新增帮扶青海西宁和海东，补上了辽宁调减的任务缺口。既要尽力而为，也要量力而行，调整充分展现出实事求是的工作作风。三是将脱贫攻坚任务和区域协调发展目标有机结合。比如在落实北京市、天津市和河北省扶贫协作任务的过程中，积极同京津冀区域协同发展的战略相衔接，从整体上调整区域经济结构和空间结构，优化产业布局。

绵绵用力，久久为功。东西扶贫协作的历史，自1996年算起，2016年恰逢二十周年的关键时间节点，也是"十三五"规划的开局之年。东西部扶贫协作在20年间发展取得了丰硕成果，使西部贫困地区的面貌焕然一新。截至2016年，东部共有260个县市与西部287个县（市）结成帮扶对子。20年来，东部省市向西部10个省区市共提供财政援助132.7亿元，帮助修建农村公路2.15万公里，援建卫生院（所）1690个。[①] 据统计，2016年东西部省级负责同志互访对接次数是2015年的3倍，东西部扶贫协作工作机制进一步健全完善，作用日益凸显。[②]

致富不致富，关键看干部。在聚力脱贫攻坚的大背景下，结对关系调整完善后，扶贫协作的任务更加艰巨，队伍建设的重要性越发凸显。有鉴于此，国务院扶贫办组织了多次针对区域扶贫协作的专题培训班，动员全国各地工作人员和企业代表参加培训，增强专业性。经过专门培训和

---

① 顾仲阳：《兄弟携手 共奔全面小康——全国东西扶贫协作工作20年综述》，载《人民日报》，2016年7月20日，第1版。

② 黄承伟：《东西部扶贫协作的实践与成效》，载《改革》，2017年第8期。

认真履职，一大批专业人才在东西部扶贫协作的过程中得到了历练和成长。

针对深度贫困地区这一脱贫重点和难点，挂牌督战是在调整结对关系基础上强化帮扶的有效举措。依据2019年底的统计，我国仍存在52个尚未脱贫摘帽的深度贫困县，还有1113个贫困人口超过1000人或贫困发生率超过10%的深度贫困村。行百里者半九十。为攻克深度贫困地区这一"艰中之艰"，如期打赢脱贫攻坚战，国家开展了挂牌督战。2020年1月25日，《关于开展挂牌督战工作的指导意见》对这一工作进行了具体部署。该意见提出，既要较真碰硬"督"，更要凝心聚力"战"，层层压实责任，紧紧围绕深度贫困地区实际，确保攻坚实效。同时也要求承担扶贫协作任务的省市和中央定点帮扶单位切实履行义务，进一步加大支持力度。

（二）"携手奔小康"：基层结对模式的新发展

从贫困县到贫困村再到贫困户，随着我国贫困认定日益精准化，仅在省级层面开展对口扶贫协作已经不再适应扶贫开发工作的实际需要，必须深化细化结对帮扶模式。在这一行动中，县级结对模式逐渐称为一种常态，乡、村一级的对口帮扶也在积极探索中。

携手奔小康行动，是习近平总书记高度重视、高度关心的新安排，也是推动东西部扶贫协作进一步向基层延伸的新方式。《关于进一步加强东西部扶贫协作工作的指导意见》明确提出，在携手奔小康行动中，"东部省份组织本行政区域内经济较发达县（市、区）与扶贫协作省份和市州扶贫任务重、脱贫难度大的贫困县开展携手奔小康行动。探索在乡镇之间、行政村之间结对帮扶"[①]。

2016年10月，国家"扶贫日"期间，"携手奔小康"行动正式启动。经过两个多月的沟通协调，2017年1月5日，国务院扶贫办发布了携手奔小康

---

① 《关于进一步加强东西部扶贫协作工作的指导意见》（2016年12月7日），见杨临宏编：《扶贫工作研究参考文献集萃》，昆明：云南大学出版社2017年版，第215页。

行动结对帮扶名单。根据安排，东部267个经济较发达县与西部地区390个贫困县开展携手奔小康行动。过去存在着东西部扶贫协作、对口援疆、对口援藏等多个对口帮扶体系，一个县区往往要承担多个省区的多项帮扶任务。携手奔小康行动在安排对口关系时，对之前的结对关系进行了统筹规划和有效整合。这反映出重心下移的发展趋势，重点推动乡村级别行政单位之间的对接，也代表着未来区域扶贫协作的新走向。

比如，北京市16个区同内蒙古16个贫困县旗已有结对帮扶关系，同时也承担着部分对口援藏、援疆任务。这次调整后，又需要增加对口帮扶河北省张家口市的任务。以"携手奔小康"为主题重新明确帮扶任务，聚焦解决贫困人口脱贫和区域发展两大核心主题开展协作，无疑重点更加突出，任务更加明确，权责更加清晰。

表4.1　北京市16个区"携手奔小康"结对关系（2017年）

北京市（16）	西城区	喀喇沁旗	内蒙古自治区（16）
	海淀区	敖汉旗	
	丰台区	林西县	
	石景山区	宁城县	
	通州区	翁牛特旗	
	顺义区	巴林左旗	
	昌平区	阿鲁科尔沁旗	
	密云区	巴林右旗	
	东城区	化德县	
	朝阳区	卓资县	
	门头沟区	察哈尔右翼后旗	
	房山区	察哈尔右翼中旗	
	大兴区	察哈尔右翼前旗	
	平谷区	商都县	
	怀柔区	四子王旗	
	延庆区	兴和县	

(续表)

北京市（16）	东城区	崇礼区	河北省（15）
	西城区	张北县	
	朝阳区	康保县	
	海淀区	赤城县	
	门头沟区	涿鹿县	
	顺义区	沽源县	
	昌平区	尚义县	
	怀柔区	丰宁满族自治县	
	密云区	滦平县	
	西城区	阜平县	
	石景山区	顺平县	
	房山区	涞水县	
	朝阳区	唐县	
	海淀区	易县	
	平谷区	涞源县	
	东城区	当雄县	西藏自治区（4）
	顺义区	尼木县	
	通州区	城关区	
	门头沟区	堆龙德庆区	
	朝阳区	墨玉县	新疆维吾尔自治区（4）
	海淀区	和田市	
	大兴区	和田县	
	平谷区	洛浦县	
	西城区	囊谦县	青海省（6）
	丰台区	治多县	
	昌平区	曲麻莱县	
	石景山区	称多县	
	怀柔区	杂多县	
	密云区	玉树市	

具体内容上，携手奔小康行动聚焦基础民生需求，瞄准建档立卡贫困人口，通过产业合作、就业引导、人才支援等多种方式，针对贫困地区"急难愁盼"问题，有针对性地帮助贫困户增收脱贫。自2016年起，广州市黄埔区同贵州黔南州的独山县和三都县结成对子。近年来，仅在财政方面，共划拨东西部扶贫协作资金3.33亿元，在产业扶贫、就业指导等多个领域扎实推进工作。为帮助独山县发展绿色农产品产业，黄埔区主动承担将贫困户引入市场的责任和风险。一方面，黄埔区投入180万元完成扶贫养殖车间建设项目，由农贸公司租用，每年为355户贫困户带来15万元租金分红；另一方面，通过"自养"和"委托"两种方式的结合，发展蛋鸡养殖产业，带动全镇1468户贫困户发展养殖绿壳蛋鸡。同时，黄埔区还积极对接市场，帮助绿色农产品打开销路。2019年，贵州黔南州三都县、独山县顺利通过退出贫困县序列的评估，作为贫困程度极高的民族地区，该地实现脱贫，可谓意义重大。①

除了政府力量之外，东部地区的民营企业、社会组织和个人也有参与扶贫协作的意愿和能力。为了充分发挥民营企业的作用，2015年10月17日，全国工商联、国务院扶贫办、中国光彩事业促进会正式发起"万企帮万村"行动。顾名思义，该行动计划用3到5年时间，充分发挥全国数量庞大的民营企业的力量，帮助贫困村加快脱贫步伐，企业和贫困村的数量都在10000左右，比例大致为一比一。这一行动的意义不仅仅在于扩大了参与扶贫协作的主体范围，也为争议中的民营经济发展注入了一针"强心剂"。行动中表现突出的企业家，还曾联合给习近平总书记写信汇报情况。2018年10月20日，习近平回信，提出"改革开放40年来，民营企业蓬勃发展，民营经济从小到大、由弱变强，在稳定增长、促进创新、增加就业、改善民生等方面发挥了重要作用，成为推动经济社会发展的重要力量。民营经济的历史贡献不可磨灭，民营经济的地位作用不容置疑，任何否定、弱化民营经济的言论和

---

① 《广州黄埔区对口帮扶的县市全部脱贫摘帽——东呼西应奔小康》，载《经济日报》，2020年12月9日，第10版。

做法都是错误的。"① "万企帮万村"和"携手奔小康"行动相互配合，重点向深度贫困地区倾斜，营造起全社会关心扶贫工作的良好氛围，汇聚成决战决胜脱贫攻坚的强大合力。

在"携手奔小康"的政策框架下，东部发达地区的基层政府、企事业单位、社会组织都积极行动起来，同西部贫困地区分别结对，通过人员交流、资金支持、产业协作等方式，构筑更加广泛的社会动员网络。针对西部贫困地区表现突出的教育、医疗等民生问题，医院、学校等单位发挥自身优势开展扶贫协作，提升了西部贫困地区公共服务水平。

（三）强化监督考核机制

没有完善的监督考核机制，扶贫工作中的官僚主义、形式主义难以有效克服，脱贫攻坚的艰巨任务难以顺利完成。扶贫领域涉及资金体量巨大，也是贪污腐败和权力寻租的高发区。由于贫困问题的复杂性，如何评定扶贫工作实效，也是实践提出的一个亟待解决又至关重要的问题，直接关系到脱贫攻坚战的成败。为此，党的十八大以来，在脱贫攻坚工作中实施了最为严格的监督考核措施，确保扶真贫、真扶贫。

一是健全考核机制。从 2016 年起至 2020 年每年开展一次考核，由国务院扶贫开发领导小组组织进行，对贫困识别、群众反映、资金使用、减贫成效等方面进行全面考核，形成报告上报中央。习近平要求，为了层层传导压力落实责任，"要注重考核结果的运用，把考核结果作为组织部门对省级党委和政府主要负责同志和领导班子综合评价的重要依据"②。二是完善退出机制。贫困县退出时，既要依照脱贫摘帽时间表，又要符合客观实际，不能出

---

① 《习近平回信勉励广大民营企业家——心无旁骛创新创造　踏踏实实办好企业》，载《人民日报》，2018 年 10 月 22 日，第 1 版。

② 习近平：《在中共中央政治局常委会会议审议〈关于二〇一六年省级党委和政府扶贫开发工作成效考核情况的汇报〉时的讲话》（2017 年 3 月 23 日），见中共中央党史和文献研究院编：《习近平扶贫论述摘编》，北京：中央文献出版社 2018 年版，第 120 页。

现口号中的"假脱贫",也不能为摘帽而摘帽,急躁冒进和拖延敷衍都应当避免。同时,拥有丰富基层工作经验的习近平,认识到贫困县帽子对很多地区发展的实惠,提出要留出缓冲期,摘帽不摘政策:"客观上讲,贫困县摘帽后培育和巩固自我发展能力需要有个过程。这就需要扶上马、送一程,保证贫困县摘帽后各方面扶持政策能够继续执行一段时间,行业规划、年度计划要继续倾斜,专项扶贫资金项目和对口帮扶等也要继续保留。"① 这就增强了脱贫的长效性和稳定性,有效遏制了部分群众脱贫后再度返贫的问题,突破了"扶贫—脱贫—返贫"的怪圈。三是建立第三方评估机制。这是检验脱贫成效时的一项重要制度创新,它通过综合采用省际交叉考核、媒体暗访、财政专项扶贫资金绩效评价等考核方法,倒逼各项政策落实。将评估权交给利益牵涉较少的第三方,监督的力度和效果更能规避干扰,提高了考核过程和结果的公正性。

长期以来,国家统计局虽然对扶贫开发工作实施了数据监测,但关于东西部扶贫协作,一直缺乏明确的数据指标和统计口径。建立适应区域扶贫协作实践发展需要的富有针对性的统计和考核机制,已是迫在眉睫的事。2017年8月8日,根据中央指示精神,国务院扶贫开发领导小组制定了《东西部扶贫协作考核办法(试行)》。2019年6月3日,《东西部扶贫协作成效评价办法》颁布,试行办法废止。

国务院扶贫开发领导小组统一组织东西扶贫协作的考核工作,从2017年到2020年,每年开展一次。由国务院扶贫办牵头,会同其他有关部门组成考核工作组。考核主要从以下几个方面展开:

1. 组织领导。主要考核东部帮扶省(直辖市)与扶贫协作地区建立高层联席会议制度以及落实情况;党委政府负责同志研究部署、协调推进扶贫协作工作情况。

2. 人才支援。主要考核选派优秀干部挂职,有针对性地选派专业技术人才,开展人才支援和交流情况。

---

① 习近平:《在中央扶贫开发工作会议上的讲话》(2015年11月27日),见《十八大以来重要文献选编》(下),北京:中央文献出版社2018年版,第44页。

3. 资金支持。主要考核财政援助资金、社会帮扶资金投入及增长情况。

4. 产业合作。主要考核引导企业到贫困地区投资兴业，带动贫困人口就业、增收脱贫情况。

5. 劳务协作。主要考核建立和完善劳务输出精准对接机制，开展职业教育、职业培训以及通过就业援助带动贫困人口脱贫情况。

6. 携手奔小康行动。主要考核组织经济较发达县（市、区）参与帮扶情况；携手奔小康行动覆盖结对省（区、市）贫困县情况；县（市、区）组织实施帮扶工作情况和党委政府主要负责同志赴结对县调研对接情况；与贫困乡镇和贫困村结对帮扶情况。①

围绕六方面情况，考核办法在附件中详细规定了具体考核指标，并明确了数据来源。考核最终结果为好、较好、一般、较差四个等次，考核结果向中央报告，并在一定范围内通报。这就为评估区域扶贫协作实效提供了重要参考依据，也倒逼东西部地区政府加大扶贫协作的组织实施力度。成效评价不仅评价东部，也评价西部。另外，考核的过程也是学习的过程，各省区实施交叉考核，既提高了考核的公正性，也可以通过考核相互学习、相互启发，推动工作。通过考核评价的指挥棒效应，引导东西部协作双方将工作重心和政策资源投入到关键领域，确保如期完成脱贫攻坚任务。

在理论创新指引下，区域扶贫协作的这些实践创新，是在落实精准扶贫、精准脱贫方略下进行的政策调适，不仅增进了扶贫协作的实效，也大幅提升了贫困治理的制度化水平，使这一具有中国特色的扶贫方式可以更加长期稳定地坚持下去。

第三节　多学科视角下区域扶贫协作意义探究

实践、政策和理论应当是三位一体又相辅相成的。但客观而言，在改革

---

① 国务院扶贫开发领导小组：《东西部扶贫协作考核办法（试行）》，2017年8月8日。

开放以来中国特色社会主义社会发展历程中,实践远远领先于政策,理论更是比较严重地滞后了。诚然,我们不能依靠理论先验地实施政策、指导实践,但是及时总结提升的理论工作仍是不可或缺的。

贫困问题的成因和应对涉及众多领域,关于区域扶贫协作的作用和意义,可以从经济学、政治学、社会学等不同学科视角予以审视。事实上,也有一些成果或多或少地触及到这一问题。在充分梳理吸收这些既有研究成果的基础上,从多学科视角展开分析,有利于更加全面准确地把握区域扶贫协作的重大意义,尽量克服单一学科视角的局限。

(一) 经济学视角:生产要素的流动与产业升级的加速

贫困首先表现为经济问题,关于贫困问题和反贫困政策,从经济学角度出发进行研究的成果数量最多。如何评价区域扶贫协作的成效?经济学的定量分析方法能提供有益参考。从经济学视角看,区域扶贫协作可以视为产业升级加速下的生产要素流动。充分发挥地区比较优势,是区域扶贫协作和产业梯度转移的耦合连接点。对中西部贫困地区、东部发达地区和全国区域协调发展,都取得了一定的经济效益。

有学者从计量经济学视角出发,运用1996—2017年的省际数据,采用双向固定效应模型进行了研究,结论大致如下:(1) 对口支援确实能够实现政策目标,通过支援方政府能力人为定向外溢到受援方,推动受援省份的经济发展,提升基础设施建设和社会公共服务供给水平;(2) 仅仅依靠对口支援,仍难以实现区域协调发展的战略目标。虽然可以在医疗、教育等某些领域,一定程度上缩小发展差距,但整体上施援方和受援方之间的总体差距,在这二十年间反而拉大了;(3) 经过进一步对比分析,在不同的对口关系中,支援效果存在较大差异,支援省份和受援省份之间的差距表现也不尽相同;(4) 对口支援要发挥更大成效,需要受援省份政府提升自我治理能力,同时想要实现均衡发展,需要中央政府制定更加科学的治理策略。[①] 这些结

[①] 赵晖、谭书先:《对口支援与区域均衡:政策、效果及解释——基于8对支援关系1996—2017年数据的考察》,载《治理研究》,2020年第1期。

论一方面有力地证明了区域扶贫协作的成效,另一方面也为进一步完善相关制度提供了方向。未来区域扶贫协作的发展,要更加精准地考量协作双方的比较优势和实际需求,仍然任重道远。

从经济学角度看,区域扶贫协作具有如下意义。

第一,区域扶贫协作提升了西部贫困地区的经济社会发展水平。通过区域扶贫协作,西部地区在东部地区支援下,获得了发展所急需的大量资金、技术人才以及先进的理念,补上了基础设施建设的短板。脱贫进程极大加快,贫困人口的数量大幅减少,人均收入大幅提高,温饱问题基本解决,进而向小康社会迈进。据统计,1996至2010年,东部通过各种方式和渠道共向西部提供无偿援助资金78.6亿元;援建公路14699公里、基本农田554.1万亩、学校5776所;兴修人畜饮水工程,帮助解决了376.9万人、1090.1万头牲畜的饮水困难;东部地区企业在协作省份投资总额达到6972.7亿元。"十二五"期间,东部9省市投入东西部扶贫协作、援藏、援疆等方面资金达740多亿元,引导企业投资2万多亿元,选派挂职干部和科技人员数万名。①

西部地区发挥自身优势,承接了东部地区产业梯度转移。劳动密集型产业对劳动力素质的要求相对较低,但对劳动力数量的要求相对较高,有实施劳动力转移的客观条件,也能有效带动西部地区其他特色产业的发展。这种产业转移不是盲目的,要紧密结合转移方和承接方的资源禀赋、发展方向方可实施。由于西部地区财政资金极其有限,而投资设厂不仅能够帮助贫困人口迅速脱贫增收,也能提升当地财政收入,因此西部贫困地区政府对招商引资的热情颇为高涨,大多通过税收等方面的政策优惠吸引东部发达地区企业投入到产业扶贫协作之中。

第二,区域扶贫协作促进了东部发达地区的产业结构调整升级。通过产业梯度转移,东部发达地区日益捉襟见肘的发展空间得到释放,科技含量高、附加值高、成长性强的新兴产业获得了发展的契机。在区域扶贫协作中,通

---

① 国务院扶贫办政策法规司、国务院扶贫办全国扶贫宣传教育中心编:《脱贫攻坚前沿问题研究》,北京:研究出版社2019年版,第127页。

过运用"飞地经济"这一区域合作的新模式,能够实现"腾笼换鸟"的目标。① 2017年5月,国家发改委等部门在支持这种新发展模式的意见中明确提出,"在东西部扶贫协作中,支持结对双方共建飞地园区,加强产业合作,引导企业参与,促进产业转移,积极吸纳贫困地区劳动力就业"。② 据统计,尽管遭遇疫情重大不利因素,截至2020年8月底,全国外出务工贫困劳动力人数为2897.54万人,较之2019年增长了6.17%。2020年,东部地区新帮助扶贫协作贫困地区102.28万贫困人口实现转移就业。东西部扶贫协作协议书任务全面提前超额完成,中央单位定点扶贫责任书任务总体完成。③

通过帮助西部贫困地区进行扶贫开发,东部发达地区的发展可以获得正向反馈。经过改革开放数十年来的高速发展,资源短缺、环境恶化等问题严重影响了发达地区的发展质量,阻碍长期发展。西部地区在自然资源储量方面优势明显,特别是矿产资源,其储量占我国总量的60%以上,其中45种矿产资源的工业储量接近全国的一半,稀有矿产储量等多方面具有巨大的优势。④ 通过扶贫协作,东部地区利用自身雄厚的资金、先进的技术、成熟的经验,不仅帮助西部地区发挥出了自身优势,也有效地缓解了东部地区产业发展面临的资源环境等方面的困境。西电东送、西气东输等西部大开发计划中的重大工程,就是将资源开发和区域协调相结合的一项战略举措。西部贫困地区绿色、健康的农产品,在以城市为主的东部发达地区也拥有广阔市场,保证了物资供应,丰富了消费者的选择。通过各种渠道的扶贫宣传,全社会对于扶贫产品的关注度和认可度大幅提升,积极关注并参与消费扶贫行动成为社会风尚。

---

① 所谓飞地经济,是指两个互相独立、经济发展存在落差的行政地区打破原有行政区划限制,通过跨空间的行政管理和经济开发,实现两地资源互补、经济协调发展的一种区域经济合作模式。
② 国家发展改革委员会等八部门:《关于支持"飞地经济"发展的指导意见》,2017年5月12日。
③ 《2898万贫困劳动力外出务工》,载《人民日报》,2020年9月2日,第2版。
④ 张建平、赵海云:《东西部区域经济合作问题研究》,北京:中央民族大学出版社2007年版,第58页。

第三，区域扶贫协作推动了全国的扶贫开发和区域协调发展进程。2012年末，我国贫困线下绝对贫困人口仍有9899万人，贫困发生率10.2%，2020年消除绝对贫困，平均每年要减贫1000万人以上。脱贫攻坚越是继续进行，尚未脱贫人口越是集中分布于中西部地区，面临困难更多，协作需求更大。在全党全社会的共同努力下，通过包括区域扶贫协作在内的一系列政策举措，全国贫困人口总数和贫困发生率下降。

表4.2　2012—2019年我国剩余贫困人口总数与贫困发生率

年份	贫困人口总数（万人）	贫困发生率（％）
2012年	9899	10.2
2013年	8249	8.5
2014年	7017	7.2
2015年	5575	5.7
2016年	4335	4.5
2017年	3046	3.1
2018年	1660	1.7
2019年	551	0.6

区域发展不平衡是带有普遍性的现象，促进区域协调发展是许多国家的政策目标。从世界各国的经验来看，中央政府实施转移支付、直接投资等支持落后地区的政策干预较为普遍。但这一方式存在着可持续性低的问题，区域间的贫富分化难以从根源上得到遏制。伴随着经济社会发展和综合实力的提升，我国具备了推动区域协调发展的物质基础。改革开放以来的区域扶贫协作，在坚持中央政府支持的同时，从"输血"逐渐走向"造血"，从国家全局高度合理谋划产业布局，既充分发挥地方政府的积极性，又不断增加市场化运作因素，实现"先富带后富"的一体化发展目标。这一点，通过上述经济学视角的分析可以得到印证。

在区域扶贫协作中一个不容忽视的问题是，对市场规律的运用尚不充分，同实现互利共赢的理想目标之间存在差距。我国的扶贫开发工作由政府主导是不争的事实，具体到区域扶贫协作中，确立对口关系、制定协作计划、统筹项目进度、组织动员力量，都需要政府发挥主导作用。但从经济学意义上衡量，无论是投入的资源总量还是收获的效益，企业间跨区域协作都早已超过了政府财政的直接支持。有数据表明，"十二五"期间，东部地区政府提供的财政援助资金，仅相当于政府引导企业实际投资的0.5%。[1] 部分企业投身区域扶贫协作的主动性不强，在市场经济条件下，企业控制成本、追求利润是合理的行为，政府可以也应当进行引导，努力实现扶贫政策效益和企业合理利益的双赢。另外，还有很多企业有参与区域扶贫协作的意愿，政府要积极对接、牵线搭桥、正确引导、科学组织。在产业升级、消费融通、劳务协作等方面，充分发挥市场机制效能，仍有较大提升空间。党的十八大以来，在社会主义市场经济理论方面的一个重大创新就是提出让市场在资源配置中起决定性作用。只有政府和企业各司其职、各尽所能，区域扶贫协作才能发挥出更大作用。

（二）政治学视角：府际关系的调适与治理能力的提升

古今中外的经验均表明，贫困突出表现为经济问题，但并非纯粹的经济问题。中国的扶贫开发工作，不能仅仅从经济学角度简单展开分析。从政治学视角出发，改革开放以来区域扶贫协作的长期实践构建了我国特有的政府间的互助合作关系，蕴含着府际关系调适和治理能力提升的深刻政治逻辑。

第一，在区域扶贫协作中，府际关系获得了调整。区域扶贫协作的有效性，不仅取决于协作内容、协作方式和协作双方，更取决于居于组织协调位置并大力推进扶贫协作的中央政府。强大的组织动员能力是中国共产党的政治优势。事实上，在区域扶贫协作中，存在着"三方三层"的复杂关系：中央政府、支援方政府和受援方政府为三方；政府、企业与贫困人口为三层。只有理顺这三方三层的关系，区域扶贫协作才能取得良好的成效。[2] 在区域

---

[1] 吴国宝：《东西部扶贫协作困境及其破解》，载《改革》，2017年第8期。
[2] 参见李瑞昌：《中国特点的对口支援制度研究——政府间网络视角》，上海：复旦大学出版社2016年版，第231—234页。

扶贫协作发展演进的过程中,早期以发达地区输血式的单向支援为主,双向互动较为欠缺。后期发挥各自优势互惠共赢的共同协作逐渐增多,并成为区域扶贫协作中的主要组成部分。从理论上讲,支援和协作都有其各自存在的意义和价值,双向的协作比单向的支援更有效、更持久。在这一过程中,我国的府际关系得到了新的调适。一方面,在央地关系中,中央政府的集中统一领导地位更加凸显,可以通过支援项目,将政治权威转化为对地方财政资源的抽取和运用。施援方政府对中央政府的服从和受援方政府对中央政府的依赖,都在区域扶贫协作的实践中得到了加强。另一方面,以高层联席会议为主要形式强力推动的地区间扶贫协作,密切了地方政府特别是同级政府间的横向联系,在弱化竞争的同时强化合作,有利于维护稳定有序的横向府际关系。

第二,在区域扶贫协作中,政府综合治理能力获得了提升。我国贫困治理的复杂程度,在世界范围内首屈一指。两个情况不同甚至行政级别各异的组织实现跨区域协作,需要大量的实地调研和筹备计划,更需要高超的治理能力。2013年,党的十八届三中全会明确提出,"全面深化改革的总目标是完善和发展中国特色社会主义制度,推进国家治理体系和治理能力现代化"[①]。无论是中央政府还是地方政府,在区域扶贫协作发展演进的过程中,治理体系都得到了完善,治理能力都得到了提升。从"输血"到"造血",如何在现有制度框架下,充分调查研究,在政策设计、项目安排、运行监管、效果考核等方面,既要切实帮助到受援方,又要尽可能地有利于自身发展,设计出"双赢"的协作方案,无疑是对政府治理能力的重大考验。可以预计,区域扶贫协作特别是对口支援模式,在取得脱贫攻坚战全面胜利后,还将在中国特色社会主义治理体系中长期存在下去,并不断丰富发展,进一步彰显我国独特的制度优势。

但是,回顾区域扶贫协作的发展历程时,有一个不容忽视的问题,那就

---

① 《中共中央关于全面深化改革若干重大问题的决定》(2013年11月12日),《十八大以来重要文献选编》(上),北京:中央文献出版社2014年版,第512页。

是政策实施过程中的形式主义和官僚主义。区域扶贫协作能够长期坚持，脱贫攻坚战能够组织动员如此规模的社会资源，特别是运用一些超常规的政策办法，最根本的原因在于扶贫在我国是一项具有重要意义的国家战略任务。为了如期完成脱贫任务，确定了中央统筹、省负总责、市县抓落实的工作机制，依托奖惩政策，在自上而下强力推动的过程中明确了任务。但层层压实责任的过程中，也层层传导了压力，不可避免地产生了官僚主义和形式主义。党中央较早认识到了这一问题，习近平总书记在讲话中多次谈到要从严要求、真抓实干，不搞形式主义、弄虚作假。2018年2月，在打好精准脱贫攻坚战座谈会上，他就用相当规模的篇幅批评了这种现象。① 2019年3月，中共中央办公厅印发《关于解决形式主义突出问题为基层减负的通知》，明确提出将2019年作为"基层减负年"。通知强调本年要解决一些困扰基层的形式主义问题，切实为基层减负。在脱贫攻坚完成后，在相对贫困的治理中，对可能出现的形式主义问题，需要提前预判、有效防范、坚决克服。

  从更广阔的国际视角来看，贫困是全人类需要共同面对的难题，我国的脱贫攻坚有利于构建人类命运共同体，具有重要的国际意义。区域扶贫协作的成功实践表明，在一国内部，通过较发达地区与欠发达地区之间的帮扶合作，可以快速集中资源、汇集力量，针对重点贫困地区实现突破，也不会给中央政府增大过重的经济负担。各国可以根据本国实际情况，开展一些平等互利基础上的区域协作，在一定程度上消减贫困。对我国来说，从输血转向

---

① "形式主义、官僚主义主要表现是会议多、填表多、检查多。有篇报道说，现在扶贫需要填写各种调查表、花名册、信息采集表、帮扶卡、走访记录等，驻村干部被各种报表弄得晕头转向。有个地方的精准扶贫档案资料包括贫困户入户资料、贫困户档案、村级档案、乡级资料4个部分，每1户要填写10份表格，村级档案有4类21种，乡级资料有4类25种，真可谓眼花缭乱！有些地方还规定，扶贫档案必须由第一书记亲笔填写，一式3份，均不得出错，不得涂改；如有变化，3份都得改，改一项数据就得折腾很长时间，耽误了真正的扶贫工作。有人就此给第一书记编了个顺口溜：'书记，书记，没时间扶贫，只剩书书、记记。'检查多也让基层干部不堪重负。一位县委书记反映，曾在一天内接待了国家、省里、部门、市里的4个检查组和调研组，应接不暇。媒体报道，有一个乡迎接各类扶贫检查团，仅打印费就花了10多万元。把这么多精力和资金花在应付检查上，实在不应该！"习近平：《在打好精准脱贫攻坚战座谈会上的讲话》（2018年2月12日），载《求是》，2020年第9期。

造血,从单向援助转向互惠共赢,也是实现区域协调发展不可逆转的大趋势。

事实胜于雄辩,实实在在的扶贫成就,还有利于提升我国在人权问题上的国际话语权。长期以来,西方发达国家在国际舞台上掌握着主要的话语权,中国虽然在改革开放以来取得了举世瞩目的经济社会发展成就,但并未获得同自身实力相当的话语权,"挨骂"问题迟迟得不到解决。生存权是人生而为人最基本的人权。面对以美国为代表的资本主义国家关于"人权"的空泛讨论和对我国所谓"人权问题"的无端指责,中国政府的态度相当明确:关注贫困问题,就是关注人权问题;开展扶贫工作,就是捍卫民众人权。2015年第70届联合国发展大会上,通过了关系到全人类未来发展的可持续发展议程。该议程提出明确目标,2030年之前在全球要彻底消除绝对贫困,将每天收入不足1.25美元的人数降至零。党和政府领导全国人民扎根中国大地,通过不懈奋斗,提前十年在我国实现了这一目标,为世界各国解决本国贫困问题提供了中国方案,为全球脱贫事业贡献了中国智慧。面对异常严峻复杂的国际形势和百年未有之大变局,这条中国特色减贫道路有利于提升我国的国际话语权,有利于打造开放包容、平衡普惠的发展模式,更有利于最终共同建成没有贫困、共同发展的人类命运共同体。"中国梦既是中国人民追求幸福的梦,也同世界人民的梦想息息相通。"①

(三) 社会学视角:社会保障的完善与社会共识的凝聚

贫困是经济问题、政治问题,更是社会问题。党的十八大以来,包括区域扶贫协作在内,扶贫工作一系列新的改革创新,从某种意义上来说,正是对于严重贫困问题引发的"社会危机"的一种正面回应。为应对一系列社会领域的新挑战,需要关注弱势群体、完善社会保障,才能最大程度地凝聚社会共识,推动社会健康稳定发展。

为了有效应对贫困问题的复杂性和多样性,扶贫工作的重点和方式也需

---

① 习近平:《在中国国际友好大会暨中国人民对外友好协会成立六十周年纪念活动上的讲话》(2014年5月15日),载《人民日报》,2014年5月16日。

第一，贫困发生形式特点出现改变。必须要因地制宜、精准施策，才能识别出真正的致贫原因，展开针对性帮扶。作为世界上人口最多的发展中国家，我国扶贫工作原本就面临重重困难：人口基数庞大、经济基础薄弱、城乡差距悬殊等。随着经济发展和扶贫减贫工作扎实推进，贫困人口规模和比例有了大幅降低。同时，仍然存在大量的低收入群体，且越往后扶贫的难度越大，这是我国也是全球减贫面临的共同难题。根据国际经验，当贫困人口总量下降到总人口比重10%以下之时，一般性经济增长对减贫的"涓滴效应"将逐渐消失。加之经济下行压力增大，单纯依靠经济增长带动脱贫面临更大挑战，必须下更大气力推动。从贫困发生的数量上看，以2011年提高到农村居民家庭人均纯收入人民币2300元/年的贫困线统计，全国仍有约1亿贫困人口，绝对数量依然很大。从贫困的区域分布上看，西部和中部地区占据了全国贫困人口中的绝大部分，14个集中连片特殊困难地区贫困人口比例更高。从贫困人口结构上看，老龄化程度高、劳动力缺失、文化水平低、因病因教致贫返贫等情况比较突出。

第二，基层组织治理运行面临困境。必须要将扶贫开发和乡村振兴战略有机衔接起来，提高乡村治理能力和治理水平。城乡差距悬殊，一直是我国经济社会发展中不容忽视的问题，也是发展不平衡不充分的突出表现。由于基础设施滞后、人才持续流失、发展动力不足等问题，不少贫困地区基层组织难以发挥带领群众脱贫致富的领导作用。由于城乡间收入差距不断扩大，我国农村"空心化"问题愈发严重，贫困地区青壮年劳动力大多外出务工，使得留守儿童和老人成为乡村居民主体，不仅对组织管理造成困难，也难以选出德才兼备的优秀人才成为脱贫攻坚的"领路人"。同时，部分基层干部存在形式主义、官僚主义、享乐主义、奢靡之风等"四风"问题，破坏了干群关系和组织形象。长此以往，基层组织的公信力和合法性将遭受挑战，扶贫工作的实际效果也不可避免会大打折扣。另一个突出问题是乡村乡风文明建设水平有待提高。随着市场经济的发展，广大贫困农村中金钱至上、自私自利的观念有所抬头；部分群体不思进取、消极怠惰的情绪日渐滋长；聚众赌博、烧香拜佛、盲目攀比等陈规陋习死灰复燃。这些都极大妨害了贫困群体主体性的发挥，败坏了乡村社会风气，也对基层组织治理造成了巨大挑战。党和国家高度重视扭转这一趋势，党的十九大明确提出实施乡村振兴战略。在提升农民物质生活水平的同时，也重视农民的精神生活。2018年中央一号文件明确提出，"开展移风易俗行动。广泛开展文明村镇、星级文明户、文明家庭等群众性精神文明创建活动。遏制大操大办、厚葬薄养、人情攀比等陈规陋习。加强无神论宣传教育，丰富农民群众精神文化生活，抵制封建迷信活动"。[①] 对贫困地区而言，乡村振兴的前提是稳定脱贫，因此要将乡村振兴的战略和思想因地制宜地融入脱贫攻坚工作中，实现二者有机衔接，改变农村的社会风貌和农民的社会生活。这对于脱贫攻坚取得全面胜利之后的中国社会发展，具有长远意义。

第三，传统扶贫协作方式遭遇挑战。必须要创新区域扶贫协作的方式方法，同乡村社会实际情况相适应，增强扶贫工作的实效性。长期以来，区域扶贫协作虽然成绩显著，但问题也相当突出，集中表现在以下几个方面：一是在确定对口帮扶关系时，从经济实力方面考虑较多，地缘关系、历史文化等社会因素考虑较少，为合作对接增添了困难；二是产业扶贫的益贫性不足，存在利益被精英捕获而贫困人口反受剥夺的贫富分化情况；三是扶贫主体较为单一，政府承担了大部分的扶贫责任，缺乏市场、社会等多主体参与的活力；四是政策持续性不强，受援地方对中央和东部地区的依赖程度加深，部分贫困群众存在等、靠、要的懒惰情绪，自主性并未得到发挥，返贫现象时有发生；五是监管考核机制薄弱，缺乏切实有效的监督考核，现有的考核指标过于偏重可量化的经济方面，在文化教育、医疗卫生、生态环境等重要社会领域尚有欠缺。上述这些问题的症结在于，在政策设计的过程中对乡村社

---

① 《中共中央、国务院关于实施乡村振兴战略的意见》（2018年1月2日），见《十九大以来重要文献选编》（上），北京：中央文献出版社2019年版，第166—167页。

会现实状况了解程度不够,没有从新时代"乡土中国"的实际出发,部分措施的针对性不强。比如,有一段时间很多地区在脱贫过程中注意发掘历史文化资源,通过发展文旅产业提高贫困人口收入,发达地区在进行区域扶贫协作时也提供了相应支持。但个别地区不注意乡村历史文化的差异性,过度追求经济效益打造千篇一律的"网红村",结果适得其反。因此,要在扎实调查研究的基础上,制定符合受援地区实际情况的针对性举措,才能让扶贫协作政策"接地气""暖民心"。

2020年中国实现消除绝对贫困,这是特定背景下的一个硬性约束,也是特定期限内的庄严承诺。现在,我国虽然如期完成了脱贫攻坚战的主要任务,但这绝不意味着中国不再被贫困问题所困扰。相反,乡村振兴的任务依然艰巨,相对贫困治理依然面临诸多难题。事实上,如果像有些西方国家那样按照收入低于平均收入三分之一即可认定为相对贫困状态的定义,那么相对贫困在绝对意义上将长期存在。我国居民收入基尼系数长期高于国际警戒线且近年来有所回升,表明我国的相对贫困问题仍然相当严峻,必须高度警惕贫富差距悬殊的社会问题。因此,现行标准下全面消除绝对贫困,不是贫困治理的终点,而是难度更大的相对贫困治理的新起点。

中国自古以来就有"不患寡而患不均"的思想观念,普通民众对于收入公平怀有殷切期待和执着追求。马克思在《雇佣劳动与资本》中,曾有过一段关于住房问题的生动譬喻,形象地说明了其影响。① 毋庸置疑,在脱贫攻坚战取得决定性胜利后,广大贫困人口的收入水平大幅提高,生活的获得感和满意度显著增强。但相较于中国不断增加的中高收入群体,贫困人口的生存状况仍难言乐观,还有很高的返贫风险。在当下这个信息爆炸的互联网时

---

① "一座房子不管怎样小,在周围的房屋都是这样小的时候,它是能满足社会对住房的一切要求的。但是,一旦这座小房子近旁耸立起一座宫殿,这座小房子就缩成茅舍模样了。这时,狭小的房子证明它的居住者不能讲究或者只能有很低的要求;并且,不管小房子的规模怎样随着文明的进步而扩大起来,只要近旁的宫殿以同样的或更大的程度扩大起来,那座较小房子的居住者就会在那四壁之内越发觉得不舒适,越发不满意,越发感到受压抑。"见《马克思恩格斯文集》(第1卷),北京:人民出版社2009年版,第729页。

代，西部贫困地区很容易了解到一线城市的繁华，贫困人口也能接触到不少炫富攀比、骄奢淫逸的负面事例。这些事例在对他们的内心造成巨大冲击的同时，也可能会诱发心理失衡和信仰危机。在这样的背景下，持续保持对社会弱势群体的关注，无疑可以最大程度地凝聚社会共识，维护社会稳定，继续将改革开放事业推向深入，为中华民族伟大复兴提供有力保障。

第五章 区域扶贫协作的经验启示

如何归纳提炼区域扶贫协作的经验启示?这是一个不能回避又难以轻易准确阐释的问题。研究发现,对相关经验启示的总结和升华,可以从工具和理念两个层面入手,分别对实践做法和理论思考进行总结归纳,在理论与实践的双向互动中,实现由表及里、由浅入深的综合分析。

第一节 坚持推进区域扶贫协作的
实践样板——闽宁协作

从工具层面看,研究者固然可以从宏观报告和整体数据上,对区域扶贫协作的利弊得失进行宏观分析,但如果用"解剖麻雀"的方法,从典型个案出发,可能会收获更加丰富多样的认识。"解剖麻雀"是一种重要的调查研究方法,具体是指通过深入研究特定典型,从中找出事物的规律。作为一项时间跨度达数十年的长期政策,区域扶贫协作在中华大地上的生动实践中,留下了无数鲜活案例。通过典型个案研究,对其操作性方面的经验启示的提炼,能更加具体和富有针对性。以闽宁协作这一样板为基础,在中央顶层设计不断完善的基础上,呈现一系列行之有效的具体经验做法,探讨区域扶贫协作发展的经验启示。

"闽宁对口扶贫协作"是习近平总书记在福建工作期间,亲自部署、亲自推动的一项重要战略决策。闽宁两省经过充分协商沟通,共同探索实施了一系列新举措,开创了在区域扶贫协作中具有典型意义的"闽宁模式"。自1996年正式启动以来,"闽宁协作"走过了二十余年的历程,从单一的经济援助,发展到多领域的高水平协作,逐渐成为东西部扶贫协作的样板,成绩斐然。

(一)闽宁对口帮扶关系的确定及发展

1996年,中央明确了十组对口扶贫协作关系,其中就包括"福建—宁夏"的闽宁对口帮扶关系。从地理位置上看,福建位于东南沿海,可以帮助宁夏接触到海外先进的理念和技术。宁夏位于内陆,也可以帮助先行发展起来的福建开辟广阔的内陆市场。这一相距3000多公里的"山海"协作可以帮助双方扬长避短,共同发展,同时也为东西部省份间的扶贫协作树立了典范。

确定闽宁对口帮扶关系,充分考虑了双方自身发展的优势和劣势。改革开放以来,福建借助政策优惠,成为全国最早对外开放的地区之一,产业结构升级态势明显,基础设施建设日渐完善,经济发展势头良好。但福建自身面临着省内区域经济发展差异显著,能源资源储量不足的问题。反观宁夏,不仅煤炭、石灰岩等矿产资源丰富,还拥有充足、廉价的劳动力资源。但是由于身处内陆,宁夏经济开发水平不高,资金、技术严重匮乏,贫困发生率居高不下,发展落后于全国平均水平,和东南沿海地区相比,更是难以望其项背。闽宁双方合作潜力巨大,以劳务输出密切相关的劳动力价格水平为例,双方之间存在的差距为劳务输出和人力资源的优化配置提供了可能。据一项2002年的统计,当年福建劳动者的平均报酬是12377元,宁夏是10146元,全国平均是11249元,福建比宁夏高出2231元。[①]

---

① 徐永富、李文录主编:《携手铸辉煌 闽宁互学互助对口扶贫协作十年回望》(综述卷),银川:宁夏人民出版社2006年版,第53页。

实施对口帮扶计划经历了充分的准备酝酿。1996年11月4—11日，宁夏回族自治区主席白立忱率代表团访问福建省，在福州召开了宁夏、福建两省区第一次对口扶贫协作联席会议，商讨开展对口帮扶工作。在这次会议上，两省区共达成12项协议，签订了17个合作项目。会议确定，两省区政府每年举行一次联席会议，总结对口帮扶工作的经验教训，协商解决协作过程中的有关问题。在当时来看，刚刚确定下来的东西部扶贫协作是一项新生事物，这种带有尝试性的创新，也是改革开放后我国许多政策的共性特征。这次会议上确定的众多帮扶举措，在闽宁协作的过程中得到了长期坚持，并逐渐向全国推广，也标志着闽宁协作正式进入了启动阶段。

福建和宁夏两省区按照中央政策要求，经过深入了解、友好协商，以"政府主导、部门主动、企业为主、社会支持"为基本原则，采取一对一的支援形式，安排福建省内8个较发达的县区同宁夏最贫困的8个县区结成对子，进一步分解了任务，明确了分工。在其后的9年间，结对关系又根据工作实际发生过小幅调整，具体表现为：先后由厦门市的同安区、湖里区对口帮扶海原县；厦门市的开元区对口帮扶泾源县；福州市的福清市、鼓楼区对口帮扶盐池县；福州市的长乐市、白江区对口帮扶隆德县；莆田市的莆田县、涵江区对口帮扶西吉县；漳州市的龙海市、芗城区对口帮扶彭阳县；晋江市对口帮扶原州区；石狮市对口帮扶同心县。①

在中央"规定动作"基础之上，闽宁两省还根据实际情况增进了"自选动作"。关于东西部对口帮扶原则，在国务院的文件里原本是12个字——"优势互补，互惠互利，共同发展"。闽宁双方经过协商，主动增加了"长期协作"这4个字，分量更重。协作伊始，闽宁双方就做好了长期协作的战略考虑，而非将其视为一项短期政治任务应付了事，这无疑奠定了闽宁协作成功的基础。为确保帮扶落到实处，两省党委政府分别成立专门负责该项工作的领导小组，除了负责两省之间的对接外，还负责联系其他党政部门，争取

---

① 徐永富、李文录主编：《携手铸辉煌 闽宁互学互助对口扶贫协作十年回望》（综述卷），银川：宁夏人民出版社2006年版，第109页。

汇聚多方力量，持续高位推动，形成帮扶合力。

在具体操作层面，闽宁协作逐渐探索实践了多种协作形式，包括企业参与、产业协作、科教帮扶、生态保护，等等。以保障改善民生为首要任务，双方实施了互派干部挂职交流、劳务培训和定向劳务输出等协作举措，开展了"移民吊装工程""井窖工程""闽宁村建设"等同人民生活息息相关的工程项目，确保政策措施落到实处。

进入 21 世纪，在全面实施西部大开发战略的背景下，闽宁协作迈入了全面加速推进的新阶段。双方协作层次不断提高，领域不断拓展，程度不断加深。

闽宁协作成绩显著，获得了中央层面的关注和肯定。2002 年 9 月 5 日，国务院副总理温家宝对《关于闽宁扶贫协作调查报告》作出重要批示："福建、宁夏扶贫协作的做法和经验应该认真总结并予以宣传。"① 这是对闽宁协作成果的高度肯定，也为双方开拓创新、提升协作水平提供了支持。

从 1996 年确定闽宁对口扶贫协作关系开始，到 2006 年的十年间，闽宁对口扶贫协作扎实推进，成果丰硕。福建累计投入超过 3 亿元，为宁夏输入和培训了大量人才。社会扶贫的力量逐步显现。在闽宁协作大框架下，福建一些社团、民间组织也纷纷加入到扶贫行列，积极踊跃捐资捐物，救灾济困。10 年间，福建省社会各界共捐赠物品折款约 6988.2 万元。另外，福建企业家及商户来宁夏已发展到 1000 多家，福建人在宁人数发展到 3000 多人，在宁总投资已达到 50 多亿元，安置当地劳动力和下岗职工 1 万多人。② 这些"真金白银""真刀真枪""真情实感"的支援，有力地促进了宁夏的经济发展、民族进步和社会稳定，让宁夏人民感受到了来自八闽大地的温暖。

无论是在地方还是中央工作时期，闽宁协作都是习近平特别关心的一项工作，许多政策举措来自于他的理论思考和实践探索。从 1996 年到 2002 年

---

① 徐永富、李文录主编：《携手铸辉煌 闽宁互学互助对口扶贫协作十年回望》（综述卷），银川：宁夏人民出版社 2006 年版，第 117 页。

② 《闽江浓情涌六盘——闽宁对口扶贫协作十年综述》，载《宁夏日报》，2006 年 4 月 15 日。

间，习近平深入宁夏贫困地区开展调研，倾听贫困群众呼声。他在扎实调查研究基础上提出了许多富有创造性的做法，为闽宁协作的发展明确了思路，绘就了蓝图。

在担任党的总书记后，习近平对扶贫工作高度重视，和这段领导实施闽宁协作的工作经历不无关系。2016年7月，习近平总书记在宁夏闽宁镇考察时，深情回忆了这段故事。① 这次考察中，他还在银川主持召开了东西部扶贫协作座谈会，集中阐发开展东西部扶贫协作的经验，推动了区域扶贫协作在全国范围内深化发展，使得闽宁协作在我国区域扶贫协作发展历程中留下了浓墨重彩的一笔。

党的十八大以来，在全党全社会聚力脱贫攻坚实施一系列超规格措施的背景下，闽宁协作迈上了新台阶，宁夏的经济社会面貌也随之焕然一新。闽宁两省区共建成闽宁产业园10个，在宁闽籍企业5700家，年上缴税收超10亿元，安置当地劳动力就业10万人。宁夏减少贫困人口93.7万人，贫困发生率从2012年的22.9%下降到2019年的0.47%；贫困地区农民人均可支配收入从2012年的4856元增长到2019年的10415元，宁夏各族人民群众的获得感、幸福感越来越强。2020年7月3日，"闽宁对口扶贫协作援宁群体"被中宣部授予"时代楷模"称号，展示出对这一系列成绩和辛勤工作的肯定。② 2020年11月17日，经严格考核评估，西吉县达到贫困县退出标准，标志着宁夏所有贫困县全部脱贫摘帽。

在原有对口帮扶机制的基础上，闽宁两省抓住"一带一路"重大战略的历史性机遇，充分发挥主动精神，积极搭建多种形式的协作平台，创新协作方式，推动双向协作逐渐向全方位区域合作转变，形成了政府主导、经贸合作、社会参与"三位一体"协作新模式。在原有结对帮扶关系的基础上，双方将结对关系进一步下沉，2020年有105对乡镇、134对建制村建立了结对

---

① 《习近平在宁夏考察时强调 解放思想真抓实干奋力前进 确保与全国同步建成全面小康社会》，载《人民日报》，2016年7月20日，第1版。

② 《时代楷模"闽宁对口扶贫协作援宁群体"》，载《求是》，2020年第14期。

关系，适应了精准扶贫的工作需要。两省区的企业、院校、医院也纷纷开展结对交流，进一步扩大协作覆盖面。新时代的闽宁协作在拓宽领域、加深合作的同时，丰富创新了具体协作形式。在坚持以产业扶贫为主要形式的基础上，根据脱贫攻坚实际中出现的新问题和双方诉求，将新能源扶贫、旅游扶贫、电商扶贫、金融扶贫等多种新兴形式融入产业扶贫之中，综合提升贫困群众的脱贫致富能力。

在众多新形式中，设立协作扶贫车间是一项特色举措。扶贫车间又名卫星工厂，是指以扶贫为目的，设在乡、村的加工车间。它以带动脱贫为目标，解决贫困户就近就业问题，是贫困户和企业之间的桥梁。扶贫车间模式，是精准扶贫大背景下，地方政府通过产业下乡方式助推贫困对象脱贫致富、乡村全面振兴的一项创新性实践，具有较强的示范推广意义。2020年6月，习近平再次来到宁夏考察调研。在宁夏吴忠市红寺堡镇考察期间，他来到闽宁协作"订单化"援建的扶贫车间。考察时他指出，企业参与兴办扶贫车间，先富带后富，很有意义。福建方面资金和技术的支持，通过扶贫车间这一形式得以具体化，帮助宁夏贫困人口实现了迅速就业增收。在全面推进"互联网+"，发展数字经济的大背景下，借助高效的信息化手段，采用多种富有创新性的协作方式，可以有效赋能乡村振兴。借助新兴起的电商直播带货模式，"电商+扶贫"帮助宁夏顺应时代发展潮流，有力支撑了农民增收。

如果说有什么事物能够最集中地展现闽宁协作成就的话，那么易地搬迁扶贫形成的闽宁镇，无疑是双方友好协作历程和深厚情谊的特别见证。可以说，正是闽宁协作赋予了这座小镇生命和活力，也塑造了无数闽宁人民内心深处的集体记忆。2021年初热播的电视剧《山海情》讲述的正是这座小镇从无到有、脱贫致富的动人故事。

易地搬迁是一项艰巨复杂的工程，适用于自然条件恶劣，人类难以生存的极端贫困地区。对于安土重迁传统观念相当浓厚的中国人来说，动员困难群众实施易地搬迁，困难程度可想而知。在闽宁协作的过程中，福建方面给予了这项易地搬迁工作巨大的投入，改变了许多"一方水土养活不了一方人"地区人口的命运。

宁夏西海固地区就符合需要易地搬迁扶贫的标准，作为区域开发式扶贫的起点和集中连片特困地区，宁夏西海固地区贫困发生率高、自然环境差尤其是水资源极度匮乏，被认为是最不适宜人类居住的地区之一。这里地处宁夏南部，包括了8个国家扶贫重点县和一个移民开发区，人口不到228万，占宁夏总人口的1/3。据2000年的统计，当地贫困发生率高达50%。

1997年，负责闽宁协作的习近平提出，双方通力合作，在距银川约50公里的玉泉营开发区，建设一个扶贫示范村，发挥榜样作用。为展现闽宁协作成果，他将这个村命名为"闽宁村"，提出"两年建成、三年解决温饱、五年脱贫"的总体开发建设思路，开创了区域扶贫协作中易地搬迁的先河。回顾这个村从无到有的发展历程，易地搬迁行动发挥了巨大作用，福建方面付出了巨大努力。

经过多年建设，最初的闽宁村逐渐发展为有6000多人的闽宁镇。闽宁镇的开发建设建立在科学规划和耐心动员的基础上。自开发以来，闽宁镇先后3次编制修订开发建设总体规划和搬迁计划，确保既"搬得出"又"稳得住"。在易地搬迁初期，为减小政策阻力，主要采用吊庄移民的政策。吊庄移民采取政府主导和移民自愿相结合的原则，为了最大限度地打消群众心头的疑虑和降低群众搬迁前后的心理落差感，政府规定三年之内允许两头有家，两头有地承包。三年之后，待迁入地设施相对完善之后才让群众选择是去是留。在管理上，吊庄移民基地也是选派迁出地干部进行管理，由选派干部与迁入地政府进行沟通协调，带领移民进行吊庄基地的开发建设。这种管理方式照顾了吊庄基地建设初期移民的情感需要，有利于吊庄移民基地的开发建设。自1985年起，吊庄移民工程以多种形式在宁夏全境全面展开。

政府主导是吊庄移民工作初期最主要的推动力。在搬迁之初，贫困人口难以承受高昂的搬迁和建设费用，这一时期政府给予了强有力的支持，如移民可以继续享有山区的各项优惠政策，而新灌区的水利等农田基础设施都有国家投资建设，移民在吊庄基建工程中可以以工代赈，并且给移民开发土地和建房补助，搬迁后三年内可享受免税等。同时面对群众不愿移民的心理，政府派出大量当地干部，开展了耐心细致的说服动员工作。政府的有效组织以及各项具体政策确保了吊庄基地的顺利建设，自治区专门成立了农业建设委员会，各市县也相应地设立了农业建设办公室，各项目区也配套了项目指挥部，从规划到具体的实施，政府都在其中扮演着重要角色，起着组织协调和服务的作用。吊庄移民基地的建设有了一定的基础之后，这种由迁出县管理的形式就不能满足基地进一步发展的需要了。

1999年7月，为适应新的移民工作需要，自治区政府决定将吊庄移民点的属地管理权限移交迁入地政府，吊庄移民作为一种过渡形式，完成了它的历史使命。2001年，自治区政府颁布了《关于实施国家易地扶贫移民开发试点项目的意见》，宁夏的移民工程开始进入到生态移民阶段。该意见总结回顾了实施吊庄移民的成果，"1983年以来，在国家有关部门的大力支持下，我区开展了有组织、有计划的易地扶贫移民开发建设，累计建设移民吊庄基地24处，开发配套水浇地56万亩，安置宁夏南部山区贫困人口35万人，并稳定地解决了温饱。"①

自然环境是制约贫困地区发展的重要因素，生态移民的积极作用不可轻视，这体现在多个领域。通过易地搬迁，一大批贫困人口获得了自食其力的机会，在减轻财政负担的同时，维护了社会的安定团结和民族关系的和谐稳定。同时，迁出地人口和资源环境之间的压力减小，迁入地昔日的荒漠被改造为良田，生态环境得到改善。宁夏实现了经济效益、社会效益和生态效益多赢的局面。2014年，闽宁镇被评为国家级生态乡镇。

实施易地搬迁扶贫，为闽宁镇的发展奠定了坚实基础。福建方面的倾力投入，则为闽宁镇的发展注入了强劲动力。1997年双方第二次联席会议决定将闽宁村打造成为易地开发脱贫和现代农业示范区。在1998年6月第三次联席会议召开前，闽宁村已经完成投资850万元，包括扩建水利干渠2.1公里，

---

① 《宁夏回族自治区发展计划委员会关于实施国家易地扶贫移民开发试点项目的意见》（2001年12月7日）。

铺设人畜饮水管道16公里，完成35千伏变电站的土建工程，整修道路1.6公里，开发农田3100亩，种植固沙林带300亩。有413户农民在闽宁村建房1260间，并陆续开始入住。① 能够在短时间内收获如此显著的效果，同福建政府的高度重视和援宁人员的全身心投入密不可分。

随着经济发展和帮扶深入，闽宁村的规模逐渐扩大，成为如今的闽宁镇。2001年12月，闽宁镇正式成立。二十多年里，闽宁陆续接纳了来自宁夏西海固地区六个国家级贫困县的4万多名移民。不仅行政级别得到了提升，基础设施建设也在不断完善。闽宁镇的人口，由1997年第一批搬迁的约8000人，增长到2019年底的6.6万人。人均可支配收入更是有了大幅跃升，从1997年的500元提升到2019年的13970元。贫困发生率下降至0.197%，下辖6个行政村全部实现脱贫。

2013年，福州设计院和银川市规划设计院再次高标准修编完善了规划设计，形成《闽宁镇总体规划》《闽宁镇经济社会发展规划纲要（2015—2020）》等规划文件。镇区新规划面积总计60.5平方公里，规划建设了闽南风格的中心广场、商业街等一系列标志性建筑，将闽宁人民携手奋进的历程以建筑的形式留存下来。

2016年7月，习近平来到宁夏考察期间，特意来到闽宁镇，详细了解闽宁镇扶贫攻坚、福建省对口帮扶等情况，并视察民生服务大厅、卫生计生服务站，对现场工作人员和办事、就医的群众表示慰问。2020年6月，他再次赴宁夏考察时指出："要完善移民搬迁扶持政策，确保搬迁群众搬得出、稳得住、能致富。要巩固提升脱贫成果，保持现有政策总体稳定，推进全面脱贫与乡村振兴战略有效衔接。"②

20多年来，在闽宁镇示范带动下，宁夏涌现出了110个闽宁协作示范

---

① 徐永富、李文录主编：《携手铸辉煌 闽宁互学互助对口扶贫协作十年回望》（综述卷），银川：宁夏人民出版社2006年版，第112页。

② 《习近平在宁夏考察时强调 决胜全面建成小康社会决战脱贫攻坚 继续建设经济繁荣民族团结环境优美人民富裕的美丽新宁夏》，载《人民日报》，2020年6月11日，第1版。

村、78 个闽宁协作移民新村、320 个易地搬迁安置区，累计接收西海固地区易地搬迁移民 100 多万人。① 闽宁镇，成为中国扶贫开发史上东西扶贫协作的集中缩影、易地搬迁脱贫的成功典范。从闽宁镇从无到有的发展历程中，我们可以深刻地感受到扶贫工作的复杂性、艰巨性和系统性。像西海固这样的集中连片特困地区，面临严重不适宜人类生存的困境，单一扶贫手段难以发挥作用，必须根据实际情况，将产业扶贫、劳务输出、易地搬迁等多种政策有机结合起来，共同发力。

（二）闽宁协作的经验启示

闽宁协作自确定对口关系以来，经过二十余年的发展，取得了辉煌灿烂的减贫成就，积累了难能可贵的协作经验，形成了长期稳定的运行机制，滋养了令人振奋的攻坚精神，是我国区域扶贫协作最成功的实践样本之一。闽宁协作之所以能够成为东西部协作扶贫的典型，除了其收获的巨大综合效益之外，更在于它为我们提供了可以继承发扬的宝贵经验，具体体现在三个方面。

第一，集力聚资，资金使用凸显益贫导向。开展扶贫工作，资金是生命线。东部地区经济相对发达，但自身也肩负相当繁重的经济发展和社会服务职能，财政收支压力不小，单纯依靠东部地区政府出资有局限性。因此，只有下大力气集力聚资，才能最大限度地提高支援帮扶的水平。同时，西部贫困地区资金缺口更大，只有把有限的钱花在刀刃上，才能最大限度地帮助西部贫困地区摆脱贫困。另外，扶贫领域的资金监管可以称得上是一个老大难问题，如何在跨区域协作的过程中保证扶贫资金安全，更需要全面系统的制度加以规范。

基础设施建设耗资巨大，收效相对缓慢，是发达地区援助贫困地区的重点。两省区将福建方面能力和宁夏方面需要结合考虑，在基础设施建设领域

---

① 许凌、拓兆兵：《宁夏永宁县闽宁镇——东西扶贫协作新样板》，载《经济日报》，2021 年 2 月 19 日，第 1 版。

投入大量帮扶资金。总体上保持支持力度只增不减、协作领域只放不收的原则。据统计，二十余年来，福建省财政累计投入无偿援助资金19.36亿元，对口帮扶县（市、区）累计投入7.11亿元，社会各界捐助折款累计3.99亿元，曾被左宗棠称为"苦瘠甲天下"的西海固地区，GDP增长了20多倍，地方财政收入增长了70多倍，成为宁夏发展最快的地区。①

令人感到温暖的是，这种巨额资金投入起初并非为了追求回报，但收获了宁夏的报答。党的十九届五中全会提出，加快构建以国内大循环为主体、国内国际双循环相互促进的新发展格局。在这一重大部署的指引下，特别是"一带一路"倡议逐步实施，宁夏迎来了发展的黄金机遇期，有能力在一定条件下对福建进行"反哺"。尽管这种回报仍主要集中于资源领域，但预示着双方光明的协作前景。宁夏社会环境和生态环境的全面改善，为福建转移劳动密集型产业、发展生态产业提供了巨大空间。2014年冬，宁夏哈纳斯集团投资110亿元在福建莆田建设国家级天然气战略贮备基地项目②，单向投资的"昨天"即将过去，双向合作的"明天"正在到来。

第二，精准发力，产业选择注重因地制宜。产业扶贫是贫困治理的根本之策，也是区域扶贫协作的主要方式。如果产业选择不当，不适合贫困地区的客观情况，帮扶不仅起不到作用，还会适得其反，加剧贫困。有学者经过调研后发现，在区域扶贫协作中，部分地区的产业选择存在一定问题，特别是存在脱离受援地实际情况的倾向，亟待纠正。③

正因如此，闽宁协作双方明确支援不能简单地输送物资，而是要在扎实

---

① 《闽宁协作24载 海风吹绿黄土地》，载《光明日报》，2020年9月3日，第5版。

② 贾海薇：《中国的贫困治理：运行机理与内核动力——基于"闽宁模式"的思考》，载《治理研究》，2018年第6期。

③ 这些问题主要如下：虽然整体看来，东部发达地区产业梯度转移后，对西部地区形成新的支柱产业、提高经济发展水平作用很大。但在一些地方，也会出现经济收益未能精准惠及贫困人口的情况，造成"企富民贫""县富民穷"现象。一部分教育程度不高、劳动意愿不强、技能较别的农民，也会出现难就业、难创业、难脱贫，个体之间的贫富差距反而拉大。见汪三贵：《中国新时期农村扶贫与村级贫困瞄准》，载《管理世界》，2007年第1期。

调研的基础上,确定重点发展的产业类型。结合宁夏贫困地区独特的自然条件和资源状况,闽宁两省区坚持以市场为导向,发挥政府服务职能,积极为企业协作"搭桥铺路"。研究发现,在宁夏发展资源开发型、劳动密集型产业较为适宜,尤其是特色农产品种植,有利于最大程度地帮助贫困群体实现就业增收。

在产业选择方面,最成功也最知名的案例莫过于菌草种植。在结对帮扶初期,通过反复比较筛选,闽宁双方把真正适宜宁夏发展的菌草种植项目列入了重点帮扶产业项目。福建农林大学等单位科研人员为该项目付出了心血,有"菌草之神"美誉的林占熺是其中最杰出的代表。

福建农林大学的林占熺是菌草种植领域的顶尖专家,在国际上享有盛誉。1997年起,他率领科研团队远赴宁夏,深入贫困地区一线,建立食用菌示范点,手把手开展技术培训,发展菇农。在团队的努力下,1.7万农户开始利用菌草技术栽培食用菌,户均增收8000元。这些科技人员扎根宁夏,前赴后继,一干就是十几年。宁夏山多沟深,蔬菜尚且少见,遑论菌菇这样的新生事物。开始时农户普遍对于种植蘑菇顾虑重重,特别是担心种植后没有销路。为了打消群众的疑虑,林教授不仅耐心细致地传授种植技术,还承担起了原本不需要承担的推广销售的责任,为蘑菇的销路四处奔波。他戏称这是"我把女儿嫁给你,还要帮你生孩子"①。作为一名原本扎根实验室的知名科学家,面对开拓销售市场这样全新的工作,需要付出的努力可想而知。像林占熺这样无私奉献的扶贫楷模,在闽宁协作二十余年的历程中还有很多。正是通过千万"闽宁人"的努力,协作双方确定的优质产业才能真正惠及贫困群众。

第三,高层引导,人才交流发挥制度优势。应当指出,无论是过去、现在还是未来,政治层面的推动仍是区域扶贫协作不可或缺的原动力。闽宁协作之所以能够取得如此成功,双方政府高层的积极引导和干部交流制度功不

---

① 李文华、徐永富主编:《携手铸辉煌 闽宁互助对口扶贫协作十年回望》(人物卷),银川:宁夏人民出版社2006年版,第196页。

可没。1996年以来,一年一度的高层协作联席会议从未间断。会议由双方轮流主办,主要内容除了总结上一年度协作工作之外,就是针对现实情况,安排部署下一年度的工作。贫困治理和区域协作都绝非旦夕之功,常态化的制度设计极大规避了因人事变动给政策执行带来的不确定性,巩固了扶贫政策效果。

习近平总书记在福建工作期间,就曾经先后5次出席对口扶贫协作联席会议,3次发表重要讲话,2次深入西海固调研贫困状况、考察扶贫项目;到中央工作后,他对扶贫工作保持高度重视并亲力亲为,多次对闽宁协作发表重要指示。从相关论述中不难发现,习近平将以闽宁协作为代表的区域扶贫协作,提升到了我国社会主义制度优势和政治优势的高度加以认识,赋予了这项制度更加崇高的战略意义。

人才是东西部协作扶贫的基本保障,政策的落实需要人才,文化的交流也需要人才。尤其是一支坚强有力的干部队伍,对于政策执行效果起着至关重要的作用。故步自封、消息闭塞是许多贫困地区发展的瓶颈,干部队伍的能力素质也存在一定差距。因此,在区域扶贫协作发展历程中,一条重要的经验是,要坚持"走出去"与"引进来"相结合,注重人才的职业素养、道德素养,实现跨区域人才交流,鼓励优秀人才投身东西部协作扶贫建设。

扶贫先扶智,教育扶贫是阻断贫困代际传递的治本之策。宁夏等西部贫困地区教育发展相对滞后,除了资金设施等方面的缺口外,最急需的就是优质教育人才的输入。闽宁两省区立足宁夏教育发展所需,积极推进福建省相关院校同宁夏方面建立结对帮建关系,建立并巩固了长期的人才互派交流机制。2019年,福建开展"福建院士专家宁夏行"活动,选派88名优秀教师来宁开展支教活动;宁夏方面组织40名中小学校长赴福建进行挂职学习,1200名教师赴福建进行培训。授课过程中,福建教师注重因地制宜,在充分考量当地受教育水平基础上设计教学方案,得到宁夏学生的广泛好评。

为接力完成帮扶宁夏的工作,保证政策执行的连贯性和持续性,同时考虑到干部工作生活方面的实际困难,福建方面规定,援宁干部每两年轮换一次。据不完全统计,1996年以来,福建省累计选派11批183名援宁挂职干部,派遣3000多名支医、支教工作队员和科技工作者,帮助宁夏培训教师1万多人次。宁夏也选派20批334名干部到福建挂职锻炼。通过两省区互派干部挂职锻炼,双方的交流联系日益紧密,实现了观念互通、思路互动、技术互学、作风互鉴。①福建援助宁夏的队伍来自不同部门,但都为闽宁协作大计竭尽全力,彰显了埋头苦干、久久为功、团结协作、无私奉献的崇高精神。时至今日,"爱拼才会赢"的标语能够悬挂在宁夏许多村委会门口,正是一批又一批福建援宁干部克服不利因素,发扬开拓进取精神的生动标识。

回首过往,援派人才为宁夏扶贫工作推进注入了强大动力,发挥了不可替代的独特作用。长远来看,人才交流机制还存在进一步完善提升的空间。一是要持续提升生活待遇。一代代援宁人才真情实意、真抓实干、真帮实扶,为宁夏的扶贫事业作出了贡献。从制度设计的角度,应当进一步加强对人才的生活保障,解除他们的后顾之忧,更加全身心地投入到帮扶工作中。二是持续优化队伍结构。着眼于全面脱贫后实施乡村振兴战略和防范返贫风险的工作实际,宁夏方面在教育、医疗等方面对于专业人才仍有巨大需求,需要继续提高相关方面人才支援的规模和质量。三是持续推动政策衔接。脱贫攻坚战既要打得赢,更要稳得住。长远来看,援宁人才在视野格局方面的比较优势在一段时期内还较为突出,在确保政策相对稳定性的基础上,可以适当拓展工作范畴,助力乡村高质量发展。

志合者,不以山海为远。闽宁协作绵延数十年的山海深情,为区域扶贫协作书写了无比生动鲜活的篇章,也留下了无尽的思考与启迪。聚焦资金、产业、人才三个方面,是闽宁协作发展历程中提炼出的宝贵经验。未来在巩固提升脱贫攻坚成果和实施乡村振兴战略的征程中,也是在操作层面进一步完善创新区域扶贫协作制度的着力点。

---

① 《闽宁协作24载 海风吹绿黄土地》,载《光明日报》,2020年9月3日,第5版。

第二节 发展完善区域扶贫协作的理论思考

除了上述实践经验之外,从理念层面看,改革开放以来区域扶贫协作的发展历程中,还有更多值得提炼思考的理论启示。从时间上看,相较于2020年之前消灭绝对贫困的攻坚任务,后2020年时代的相对贫困问题,是更富有挑战性的命题。面对新的困难挑战需要创新思维,进一步丰富和完善包括区域扶贫协作制度在内的一系列政策措施。在这一过程中,必须在辩证思考的基础上妥善处理好两组关系,一是政治压力和经济利益之间的关系,二是政策话语和基层实践之间的关系。

(一) 在政治推动和经济利益的平衡中持续发展

毋庸讳言,改革开放后,区域扶贫协作能够在中国开始实施,最初的动力来自中国特色政治制度架构下中央对于地方的政治压力,没有中央自上而下的强力推动,扶贫事业不可能取得如此巨大的成就。扶贫工作的经济属性又决定了它不可避免地会牵涉到大量经济利益,不同扶贫措施最终目的还是增加贫困人口收入。如何平衡政治压力和经济利益这两者的关系,直接影响到该项制度能否持续健康发展。

坚持党的领导和政府主导,是我国扶贫工作的本质特征。之所以能够形成这种政治压力,是因为中国独特的政治制度和组织动员体系。在强效的行政命令下,区域扶贫协作开始启动,东部发达地区在一定程度上牺牲自身的经济利益,无私地帮扶西部贫困地区。质言之,是以政治压力推动经济利益实现空间转移。但随着时代发展,单向度的利益传输弊端日益凸显,互利共赢的协作方式则愈加繁荣。前文中曾以几个标志性节点,将区域扶贫协作历程划分为几个阶段,每一阶段在取得成绩的同时,也都存在不足之处,为下一阶段的调整完善提供了空间。事实上,这一制度发展演进的一个总趋势就是从单向到双向的转变，相对发达地区在合理范围内对经济利益的诉求，得到了越来越多的关注和认可。

在妥善处理政治压力和经济利益间关系的过程中，应当明确，任何政策的设计和实施，最终应当以不违背客观经济规律为前提。"造血式"扶贫代替"输血式"扶贫，精准代替粗放，扶贫理念的演进更迭的背后，正是客观经济规律对政治政策的强力塑造。因此，单方面获利的政策注定不可持续，只有实现协作双方的双赢，才是长久之计。

然而想要真正实现双赢甚至是多赢，并非易事。客观而言，在改革开放之初区域扶贫协作刚刚启动之时，单向"帮扶"色彩较浓，如今，随着大环境的改变，双向"协作"的意味更重。在新的发展时期，继续坚持和发展区域扶贫协作制度，需要用创新思维，以新发展理念引领协作大方向，充分发挥协作双方的优势，真正实现互利共赢，才能激发协作双方的积极性，确保这项制度长期持续发展。

首先，实现互利共赢，应该努力践行创新发展理念。作为十八届五中全会提出的五大新发展理念之首，在我国整体经济增速由高速转向中高速的大背景下，"创新"的意义无论如何强调都不过分。产业发展只有依靠不断创新，才能永葆生机活力，扶贫产业更是如此。事实上，在互联网蓬勃发展、信息高度爆炸的时代，借助日新月异的信息技术，空间的壁垒容易被打破，地区间的联系达到前所未有的紧密程度，创新的门槛其实也大大降低了。应当纠正只有经济发达、技术先进地区才能进行创新的错误认识，通过支持和协作，贫困地区同样可以实现创新。通过完善相关制度，贫困地区还可以发挥自身独特优势，弥补发达地区发展过程中的短板。比如在精准扶贫中，"大数据"就发挥了至关重要的作用，为破解扶贫项目实施中精准识别和精准施策难题提供了技术支撑。2018年7月，国家扶贫开发领导小组与中国移动携手合作，共建互联网精准扶贫大数据平台助力脱贫攻坚，通过解决精准帮扶、流程监督、信息传递准确及时等扶贫工作难点，改变了过去扶贫信息收集难、错误多、耗时长、更新慢的状况。区域扶贫协作应当顺应时代趋势，向数字化、信息化方向发展，充分体现创新发展理念的价值。

其次，实现互利共赢，应当积极挖掘利用贫困地区自身独特的发展优势。改革开放以来，经过多年发展，我国的综合国力大幅提升，贫困地区"底子薄"的问题也得到了一定程度的缓解。在发达地区支持配合下，贫困地区实现自身发展潜力的能力，事实上有了质的提升。比如在实施区域扶贫协作的过程中，闽宁协作之所以能够成为范本，诚然同高层领导积极推动的行政力量密切相关，但更加关键的因素，还是双方充分挖掘宁夏贫困地区的发展潜力，瞄准市场需求，依托资源优势发展新兴产业，使得福建在协作中也能有所收获，极大提升了协作的稳定性和持续性。

最后，实现互利共赢，从根本上斩断"穷根"，关键在于协作双方思想观念的交流碰撞。完善制度建设固然重要，但最终发挥作用的因素还是"人"的因素。坚持"志智双扶"的创新理念，是十八大以来脱贫攻坚取得胜利的重要经验，也是中国特色扶贫道路的独特标识。实实在在的物资输送固然重要，但想要从根本上斩断穷根，思想上的转变更加重要。通过人员之间的沟通和交流，沿海发达地区帮助贫困地区人口开阔视野，把人的内生活力和动力激发出来，精神层面的力量不容小觑。在潜移默化中调动贫困人口能动性，实现观念互通、作风互鉴，助力贫困地区实现跨越发展，缩短东西差距，无疑可以赋予区域扶贫协作更深远的意义。

总之，以政治力量推动但不拘泥于单一行政命令手段，尊重经济规律但不因经济利益而丧失公平正义，应当是平衡处理二者关系的基本原则。实际上，这一问题触及了市场和政府二者关系这一宏大的理论课题。围绕这一主题，古今中外无数学者发表过各式各样的思想主张。在资本逻辑主导下的西方世界，市场地位崇高，崇尚自由竞争，其权力的膨胀无疑对人民群众特别是贫困人口的利益造成了侵蚀。即使政府也有社会福利政策对贫困人口进行救济，但整体上面对贫困仍是秉持着类似于"涓滴效应"的消极态度。而中国作为社会主义国家，坚守着为人民服务的初心使命。党和政府不仅不会消极放弃弱势群体，反而要千方百计地积极探索根治贫困之道。"全面建成小康社会，一个也不能少；共同富裕路上，一个也不能掉队。"① 习近平总书记的嘱托，淋漓尽致地展现了习近平新时代中国特色社会主义思想人民至上的情怀，也彰显出我国无与伦比的政治优势和制度优势。

（二）在政策话语和基层实践的互动中不断完善

在哲学意义上，理论和实践是一对矛盾，二者之间既对立又统一。中国特色社会主义社会的政策话语和基层实践之间，也存在着巨大的张力。如果二者关系处理得当，制度政策在推行过程中就会较为顺利，收效也比较理想。反之，如果二者关系处理不当，制度政策收效就往往不如人意。历史是最好的教科书，回顾改革开放以来区域扶贫协作的历史，正反两方面的例子都是存在的。

扶贫工作对政策灵活性要求很高，同其他方面工作相比，制定和实施扶贫政策更需要强调同基层实践实现良性互动。这主要是因为在减贫过程中，新问题会不断涌现，且不同地区的致贫原因可能千差万别。因而，只有真正深入基层扶贫实践，掌握真实的第一手材料，才能设计出科学合理的政策，建构出让人民群众理解接受的话语，避免闭门造车。

第一，在基层实践中积淀民生情怀。设置驻村工作队和第一书记，解决了广大贫困农村因为青壮年人口流失缺乏"领路人"的问题。这些大多来自城市的干部，虽然在知识水平、组织能力、战略眼光等方面具有优势，但想要真正团结带领群众脱贫致富，必须获得当地群众发自内心的认同，这绝对不是一件容易的事情。中国幅员辽阔、人口众多，跨区域开展扶贫协作，需要克服地理、历史、文化、语言等方面的重重障碍，更加需要"接地气"的话语拉近同贫困群体间的距离。在脱贫攻坚的伟大实践中，涌现出许多无私奉献的先进人物，全国脱贫攻坚总结表彰大会上表彰的1981名"全国脱贫攻

---

① 习近平：《在十九届中共中央政治局常委同中外记者见面时的讲话》（2017年10月25日），见中共中央党史和文献研究院编：《习近平扶贫论述摘编》，北京：中央文献出版社2018年版，第23页。

坚先进个人"是其中的杰出代表。他们身上无数感人至深的事迹背后,是无比深厚的民生情怀,这也是这些身份各异的杰出楷模最大的共性。

第二,在基层实践中汲取群众智慧。群众路线是我们党的传家宝,历届领导人都曾多次强调虚心向群众学习的重要性。中华人民共和国成立后,特别是改革开放以来的历史曾经多次表明,中国基层群众的实践智慧和首创精神,直接影响了国家重大方针政策的制定。事实上,扶贫工作中许多卓有成效的方案,也都来自基层。比如"两不愁""三保障"的扶贫总体目标,较之人均年收入这样的统计数据指标,可能增加了操作层面的困难,但无疑是贫困人口基本生活最急迫的核心诉求。再如在"志智双扶"理念下,大力实施教育扶贫,阻断贫困代际传递,得到群众热烈拥护和积极响应。除了理论上的科学性外,也在于这一政策高度契合了我国民众"再苦不能苦孩子""再穷不能穷教育"的朴素心理。

第三,在基层实践中检验实施成效。扶贫理论是否科学,需要实践来印证;脱贫政策是否有效,也需要实践来检验。无论政策设计时考虑得怎样周密,在实施过程中还是不可避免地会出现意外或偏差,需要根据实施情况进行调整。在区域协作确定帮扶产业的过程中,不适合受援地实际情况的产业选择难以落地,就会倒逼协作双方深入基层扎实调研。另外,虽然中央三令五申,但扶贫领域少数干部仍然存在滥用职权、贪污腐败等官僚主义行为,极大地损害了党和政府的形象,也危害到扶贫政策的成效。检举揭发这些"害群之马",净化党风政风,群众监督也能发挥不可替代的作用。

在脱贫攻坚战取得全面胜利之后,如何从理论上总结成功经验,成为学界一个不容忽视又急需解决的重大问题。特别是在学理上概括出中国特色扶贫道路究竟包含哪些"特色",讲好扶贫故事,对于对外宣传和提升我国的国际话语权意义重大。在政策话语和基层实践的碰撞互动中,倾听群众呼声,不断完善顶层设计,无疑应当得到强调,它也是相对而言比较容易被国际社会理解接受的宝贵经验。

前事不忘,后事之师。将脱贫攻坚行动和乡村振兴战略有效衔接,在乡村振兴战略框架下探索如何应对相对贫困治理问题,是未来中国扶贫工作的总体趋势。换言之,脱贫攻坚是乡村振兴的奠基石,乡村振兴是脱贫攻坚的未来式,二者要统筹协调,共同推进。

  回顾历史,展望未来,作为中国特色扶贫道路的重要组成部分,改革开放以来的区域扶贫协作,应当在政治压力和经济利益的平衡中持续发展,在政策话语和基层实践的互动中不断完善。只有在工具层面总结经验启示,在理念层面提升规律认识,在比较中明确自身定位,区域扶贫协作才能不断发展完善,进而真正彰显中国特色扶贫道路的伟大成就和独特价值。

结　语

贫困是人类社会的顽疾，消除贫困是人民的美好愿望。摆脱贫困是中国共产党人近百年来坚持不懈、久久为功的事业。中国共产党从成立之日起，就希望团结带领全国人民，努力摆脱困境、改善生活。改革开放以来，大规模、有计划、有组织的扶贫开发，取得的伟大成就世所罕见、史所罕见。回顾改革开放四十余年的历史，在中国奇迹绘就的美丽画卷中，党领导的扶贫事业无疑留下了浓墨重彩的一笔。2020年是脱贫攻坚的收官之年，我国克服重重困难，顺利取得了脱贫攻坚战的伟大胜利。

2020年12月3日，习近平主持召开中共中央政治局常务委员会会议，听取脱贫攻坚总结评估汇报。他在讲话中郑重宣告："经过8年持续奋斗，我们如期完成了新时代脱贫攻坚目标任务，现行标准下农村贫困人口全部脱贫，贫困县全部摘帽，消除了绝对贫困和区域性整体贫困，近1亿贫困人口实现脱贫，取得了令全世界刮目相看的重大胜利。"[1]

当今世界正经历百年未有之大变局，国际国内局势极其复杂。随着我国迈入新发展阶段，全面深化改革遇到的阻力会越来越大，全面实施乡村振兴战略仍有许多困难和挑战。回首过去四十余年的改革开放历程，总结区域扶贫协作的利弊得失，能为巩固脱贫攻坚来之不易的成果，逐渐将脱贫攻坚

---

[1]《中共中央政治局常务委员会召开会议 听取脱贫攻坚总结评估汇报》，载《人民日报》，2020年12月4日，第1版。

转型为常态化的扶贫机制,推动脱贫攻坚和乡村振兴有效衔接,提供些许借鉴。

一是继承和弘扬脱贫攻坚精神。2021年2月25日,全国脱贫攻坚总结表彰大会隆重召开,习近平发表了重要讲话。他指出,脱贫攻坚伟大斗争,锻造形成了"上下同心、尽锐出战、精准务实、开拓创新、攻坚克难、不负人民"的脱贫攻坚精神。脱贫攻坚精神,是中国共产党性质宗旨、中国人民意志品质、中华民族精神的生动写照,是爱国主义、集体主义、社会主义思想的集中体现,是中国精神、中国价值、中国力量的充分彰显,赓续传承了伟大民族精神和时代精神。① 扶贫先扶志,充分发挥贫困群体的主体性是脱贫攻坚取得历史性成就的重要原因。改革开放以来,在区域扶贫协作的发展历程中,特别是闽宁协作先进模范等具体事例中,脱贫攻坚精神熠熠生辉。在解决发展不平衡不充分问题、缩小城乡区域发展差距、实现共同富裕的奋斗征程中,依然要大力弘扬脱贫攻坚精神。

二是坚持和发展包括区域扶贫协作在内的一系列制度。改革开放以来的区域扶贫协作,历经对口支援为初始状态的萌芽期,以东西部扶贫协作为主要形式的形成期,以全面打赢脱贫攻坚战为战略目标的发展期,协作领域逐渐拓宽,协作深度日益提升,协作的规范化、制度化水平不断提高。但同时,脱贫攻坚具有短期"攻坚"特性,贫困治理则是一个极端复杂的长期难题,需要通过制度保障脱贫成果长期稳定。展望未来,区域扶贫协作存在着一系列亟待解决的问题,比如,市场机制和行政体系间的冲突需要平衡妥善处理,新形势下统筹城乡和区域发展需要调整战略规划,乡村振兴战略目标下相关考核监督指标需要重新设计,等等。共同富裕是社会主义的根本属性,先富帮后富是改革开放实现共同富裕的路径选择。辩证地看,这些发展中的困难也正是区域扶贫协作等一系列制度继续深化发展的空间。如何进一步完善区域扶贫协作,巩固脱贫攻坚胜利成果,尚需在理论上和实践中进行不懈

---

① 习近平:《在全国脱贫攻坚总结表彰大会上的讲话》(2021年2月25日),载《人民日报》,2021年2月26日,第2版。

探索。

三是延续和创新"以协作促协调"的发展思路。党的十九大提出，中国特色社会主义进入新时代，我国社会主要矛盾已经发生转化，发展理念也随之需要更新。发展理念指引发展道路，在创新、协调、绿色、开放、共享五大新发展理念中，协调发展旨在解决发展不平衡问题。在经济发展的起步阶段，采用非均衡的发展策略，有利于经济社会快速发展，但如果忽视发展的整体性，短板效应就会凸显。回顾区域扶贫协作的发展历程，由最初的政府强力推动，到市场、社会多元力量参与，构建起大扶贫格局，有利于实现协调发展目标，充分彰显了社会主义制度的优越性。在某种程度上说，改革开放以来的区域扶贫协作体现了一种"以协作促协调"的发展思路，即通过互利合作，协调不同利益主体，在推动整体发展的同时补齐局部短板。延续并创新这一思路，对于将新发展理念转化为发展行动，进而实现"第二个百年"奋斗目标，将大有助益。

在党的二十大报告中，习近平总书记指出，"十年来，我们经历了对党和人民事业具有重大现实意义和深远历史意义的三件大事：一是迎来中国共产党成立一百周年，二是中国特色社会主义进入新时代，三是完成脱贫攻坚、全面建成小康社会的历史任务，实现第一个百年奋斗目标。"伟大的脱贫攻坚是彪炳史册的历史性胜利，其背后是千万中国人民艰苦卓绝的努力。展望全面建设社会主义现代化国家的宏伟目标，包括区域扶贫协作在内，脱贫攻坚中许多宝贵经验值得总结提炼。

民族要复兴，乡村必振兴。实施乡村振兴战略，是新时代"三农"工作的总抓手。全面推进乡村振兴，是实现中国式农业农村现代化的必由之路，也是实现中华民族伟大复兴的题中应有之义。全面推进乡村振兴，加快农业农村现代化，建设宜居宜业和美乡村，扎实推进农村共同富裕，能够为全面建设社会主义现代化国家开局起步打下坚实基础。

前途系之，希望系之。2021年4月，全国东西部协作和中央单位定点帮扶工作推进会在宁夏银川召开，会议提出将"东西部扶贫协作"扩展升级为

"东西部协作"。这种提法的改变，一方面反映出脱贫攻坚战胜利收官的成果，一方面指引着进一步通过协作缩小东西部差距的方向。回首过往，东西部协作已经成为彰显中国独特制度优势和政治优势的成功范例。放眼未来，东西部协作将继续为推进区域协调发展和实现共同富裕目标不断贡献智慧和力量。

参考文献

一、马克思主义经典著作与资料汇编：

[1]《马克思恩格斯文集》（第1—10卷），北京：人民出版社2012年版。

[2]《列宁选集》（第1—4卷），北京：人民出版社2012年版。

[3]《毛泽东选集》（第1—4卷），北京：人民出版社1991年版。

[4]《毛泽东文集》（第1—8卷），北京：人民出版社1999年版。

[5]《建国以来毛泽东文稿》（第1—13卷），北京：人民出版社1987—1989年版。

[6]《邓小平文选》（第1—2卷），北京：人民出版社1994年版。

[7]《邓小平文选》（第3卷），北京：人民出版社1993年版。

[8]《江泽民文选》（第1—3卷），北京：人民出版社2006年版。

[9]中共中央文献研究室编：《江泽民论有中国特色社会主义（专题摘编）》，北京：中央文献出版社2002年版。

[10]《胡锦涛文选》（第1—3卷），北京：人民出版社2016年版。

[11]《陈云文选》（第3卷），北京：人民出版社2005年版。

[12]中共中央文献研究室编：《三中全会以来重要文献选编》（上、下），北京：人民出版社1982年版。

[13]中共中央文献研究室编：《十二大以来重要文献选编》（上、中、

下），北京：人民出版社1986、1988年版。

[14] 中共中央文献研究室编：《十三大以来重要文献选编》（上、中、下），北京：人民出版社1991、1993年版。

[15] 中共中央文献研究室编：《十四大以来重要文献选编》（上、中、下），北京：人民出版社1996、1997、1999年版。

[16] 中共中央文献研究室编：《十五大以来重要文献选编》（上、中、下），北京：人民出版社2000、2001、2003年版。

[17] 中共中央文献研究室编：《十六大以来重要文献选编》（上、中、下），北京：中央文献出版社2005、2006、2008年版。

[18] 中共中央文献研究室编：《十七大以来重要文献选编》（上、中、下），北京：中央文献出版社2009、2011、2013年版。

[19] 中共中央文献研究室编：《十八大以来重要文献选编》（上、中），北京：中央文献出版社2014、2016年版。

[20] 中共中央党史和文献研究院编：《十八大以来重要文献选编》（下），北京：中央文献出版社2018年版。

[21] 中共中央党史和文献研究院编：《十九大以来重要文献选编》（上），北京：中央文献出版社2019年版。

[22] 中共中央文献研究室编：《改革开放三十年重要文献选编》（上、下），北京：中央文献出版社2008年版。

[23] 习近平：《知之深 爱之切》，石家庄：河北人民出版社2015年版。

[24] 习近平：《摆脱贫困》，福州：福建人民出版社1992年版。

[25] 习近平：《之江新语》，杭州：浙江人民出版社2007年版。

[26] 习近平：《干在实处走在前列——推进浙江新发展的思考与实践》，北京：中共中央党校出版社2006年版。

[27]《习近平谈治国理政》（第1卷），北京：外文出版社2014年版。

[28]《习近平谈治国理政》（第2卷），北京：外文出版社2017年版。

[29]《习近平谈治国理政》（第3卷），北京：外文出版社2020年版。

[30]《习近平谈治国理政》(第4卷),北京:外文出版社2022年版。

[31]《习近平著作选读》(第1—2卷),北京:人民出版社2023年版。

[32] 中共中央文献研究室编:《习近平关于全面建成小康社会论述摘编》,北京:中央文献出版社2016年版。

[33] 中共中央文献研究室编:《习近平关于社会主义经济建设论述摘编》,北京:中央文献出版社2017年版。

[34] 中共中央文献研究室编:《习近平关于社会主义生态文明建设论述摘编》,北京:中央文献出版社2017年版。

[35] 中共中央党史和文献研究院编:《习近平扶贫论述摘编》,北京:中央文献出版社2018年版。

[36] 中共中央党史和文献研究院编:《习近平关于"三农"工作论述摘编》,北京:中央文献出版社2019年版

[37] 习近平:《论"三农"工作》,北京:中央文献出版社2022年版。

[38] 国家民委政策研究室编:《国家民委民族政策文件选编(1979—1984)》,北京:中央民族学院出版社1988年版。

[39] 国务院扶贫开发领导小组办公室、国务院扶贫开发领导小组专家咨询委员会编:《扶贫工作文件汇编(1978—2000)》(重印版),2014年版。

[40] 国务院扶贫开发领导小组办公室、国务院扶贫开发领导小组专家咨询委员会编:《中国农村扶贫大事辑要(1978—2000)》(重印版),2014年版。

[41] 国务院扶贫开发领导小组办公室、国务院扶贫开发领导小组专家咨询委员会编:《党和国家领导人论扶贫(1978—2000)》(重印版),2014年版。

[42] 中国扶贫基金会编:《东西互助共同发展——中国扶贫开发有关文件资料、经济较发达地区与贫困地区干部交流工作资料汇编》,北京:人民出版社1992年版。

[43] 国务院:《中国农村扶贫开发纲要(2011—2020年)》,北京:人

民出版社 2011 年版。

［44］王传福主编：《改革开放三十年重要档案文献 贵州》，北京：中国档案出版社 2008 年版。

二、学术著作：

［1］胡绳主编：《中国共产党的七十年》，北京：中共党史出版社 1991 年版。

［2］康晓光：《中国贫困与反贫困理论》，南宁：广西人民出版社 1995 年版。

［3］朱凤岐、高天虹、邱天朝、杨青：《中国反贫困研究》，北京：中国计划出版社 1996 年版。

［4］覃成林：《中国区域经济差异研究》，北京：中国经济出版社 1997 年版。

［5］赵俊臣主编：《中国扶贫攻坚的理论与实践》，昆明：云南科学技术出版社 1997 年版。

［6］辛向阳：《百年博弈——中国中央与地方关系 100 年》，济南：山东人民出版社 2000 年版。

［7］孙若梅等：《社会扶贫中的政府行为调查报告》，北京：中国经济出版社 2001 年版。

［8］中共中央党史研究室第三研究部：《中国改革开放史》，沈阳：辽宁人民出版社 2002 年版。

［9］樊怀玉等：《贫困论——贫困与反贫困的理论与实践》，北京：民族出版社 2002 年版。

［10］王洛林、魏后凯主编：《中国西部大开发政策》，北京：经济管理出版社 2003 年版。

［11］高伯文：《中国共产党区域经济思想研究》，北京：中共党史出版社 2004 年版。

[12] 叶普万：《贫困经济学研究》，北京：中国社会科学出版社 2004 年版。

[13] 黄承伟：《中国农村反贫困的实践与思考》，北京：中国财政经济出版社 2004 年版。

[14] 姚少平主编：《之江情——浙江省十年对口支援、八年对口帮扶工作纪实》，杭州：浙江人民出版社 2004 年版。

[15] 国务院扶贫开发领导小组办公室编：《东西扶贫协作 实现共同发展》，北京：中国财政经济出版社 2005 年版。

[16] 国务院扶贫开发领导小组办公室编：《为了共同富裕》，北京：中国财政经济出版社 2005 年版。

[17] 刘志光：《小康社会：中国特色社会主义理论与实践的解读》，北京：北京大学出版社 2005 年版。

[18] 杨宏山：《府际关系论》，北京：中国社会科学出版社 2005 年版。

[19] 王艳萍：《克服经济学的哲学贫困——阿马蒂亚·森的经济思想研究》，北京：中国经济出版社 2006 年版。

[20] 张紧跟：《当代中国地方政府间横向关系协调研究》，北京：中国社会科学出版社 2006 年版。

[21] 徐永富主编：《携手铸辉煌：闽宁互学互助对口扶贫协作十年回望》（综述卷、人物卷、项目卷、会议卷、记事卷、新闻卷），银川：宁夏人民出版社 2006 年版。

[22] 张磊主编：《中国扶贫开发历程（1949—2005）》，北京：中国财政经济出版社 2007 年版。

[23] 张磊主编：《中国扶贫开发政策演变（1949—2005）》，北京：中国财政经济出版社 2007 年版。

[24] 张建平、赵海云：《东西部区域经济合作问题研究》，北京：中央民族大学出版社 2007 年版。

[25] 张军扩、侯永志：《协调区域发展——30 年区域政策与发展回

顾》，北京：中国发展出版社 2008 年版。

［26］王雨林：《中国农村贫困与反贫困问题研究》，杭州：浙江大学出版社 2008 年版。

［27］赵曦：《中国西部农村反贫困模式研究》，北京：商务印书馆 2009 年版。

［28］武力主编：《中华人民共和国经济史》（上、下卷），北京：中国时代经济出版社 2010 年版。

［29］刘铁：《对口支援的运行机制及其法制化——基于汶川地震灾后恢复重建的实证分析》，北京：法律出版社 2010 年版。

［30］李小云、左停、叶敬忠主编：《2009 年中国农村情况报告》，北京：中国农业出版社 2010 年版。

［31］国务院新闻办公室：《中国农村扶贫开发的新进展》，北京：人民出版社 2011 年版。

［32］武力、郑有贵主编：《中国共产党"三农"思想政策史 1921—2013 年》，北京：中国时代经济出版社 2013 年版。

［33］张耀武：《宁夏扶贫实践与创新研究》，银川：宁夏人民出版社 2013 年版。

［34］史修松：《中国区域经济差异与协调发展研究》，北京：经济科学出版社 2013 年版。

［35］权宗田：《中国共产党对实现共同富裕的探索与制度设计创新研究》，北京：人民出版社 2014 年版。

［36］中共宁夏回族自治区委员会党史研究室编著：《宁夏扶贫开发史研究》，银川：宁夏人民出版社 2015 年版。

［37］中共中央党史研究室：《中国共产党的九十年（改革开放和社会主义现代化建设新时期）》，北京：中共党史出版社、党建读物出版社 2016 年版。

［38］中共南充市委党史研究室、南充市扶贫和移民工作局：《中国共产

党南充扶贫开发史（1986—2010）》，北京：中共党史出版社2016年版。

[39] 左常升主编：《中国扶贫开发政策演变（2001—2015年）》，北京：社会科学文献出版社2016年版。

[40] 孙兆霞等：《贵州党建扶贫30年——基于X县的调查研究》，北京：社会科学文献出版社2016年版。

[41]《中国扶贫开发年鉴》编委会：《中国扶贫开发年鉴2017》，北京：团结出版社2017年版。

[42] 黄承伟、刘欣、周晶：《鉴往知来——十八世纪以来国际贫困与反贫困理论评述》，南宁：广西人民出版社2017年版。

[43] 国务院扶贫办政策法规司、国务院扶贫办全国扶贫办公室教育中心编：《脱贫攻坚干部培训十讲》，北京：研究出版社2018年版。

[44] 国务院扶贫办政策法规司、国务院扶贫办全国扶贫办公室教育中心编：《脱贫攻坚前沿问题研究》，北京：研究出版社2018年版。

[45]《大国治贫》丛书编委会：《中国扶贫史》，北京：新星出版社2018年版。

[46] 文建龙：《中国共产党与中国扶贫事业：改革开放以来扶贫重心转移的路径与动因》，北京：社会科学文献出版社2018年版。

[47] 黄承伟：《一诺千金——新时代中国脱贫攻坚的理论思考》，南宁：广西人民出版社2019年版。

[48] 吴大华主编：《东西部扶贫协作问题研究——以贵州省为例》，北京：经济管理出版社2019年版。

[49] 中国扶贫发展中心、全国扶贫宣传教育中心组织编：《脱贫攻坚与乡村振兴衔接研究丛书》（含概论、产业、生态、文化、组织、人才、基层案例评析全七册），北京：人民出版社2020年版。

[50] 王小林、吴振磊、冯宇坤等：《中国脱贫攻坚的区域协作——东西部扶贫协作》，北京：人民出版社2023年版。

[51] [美] 西奥多·舒尔茨：《论人力资本投资》，吴珠华等译，北京：

北京经济学院出版社1990年版。

［52］［瑞典］冈纳·缪尔达尔:《世界贫困的挑战:世界反贫困大纲》,北京:北京经济学院出版社1991年版。

［53］［美］约翰·罗尔斯:《正义论》,何怀宏、何包钢、廖申白译,北京:中国社会科学出版社2009年版。

［54］［印］阿玛蒂亚·森:《贫困与饥荒:论权利与剥夺》,王宇、王文玉译,北京:商务印书馆2011年版。

［55］［印］阿玛蒂亚·森:《以自由看待发展》,任赜、于真译,北京:中国人民大学出版社,2013年。

［56］Nanak Kakwani, "Evaluating the effectiveness of the rural minimum living standard guarantee (Dibao) program in China", *China Economic Review*, Vol. 53, 2019.

［57］John A. Donaldson, *Small Works: Poverty and Economic Development in Southwestern China*, Ithaca, NY: Cornell University Press, 2011.

［58］Björn Gustafsson and Wei Zhong, "How and Why Has Poverty in China Changed? A Study Based on Microdata for 1988 and 1995", *The China Quarterly*, No. 164, 2000.

三、期刊论文:

［1］顾国新、王建平:《城市计划单列的评价及政策选择》,载《计划经济研究》,1990年第S3期。

［2］曲广华:《跨越八十年代、面向九十年代的对口支援与经济技术协作》,载《民族研究》,1992年第1期。

［3］孙莉娜、路翠英:《"八七"扶贫攻坚的思路与对策》,载《学术交流》,1997年第4期。

［4］梅桑榆:《山水相连心相印——京蒙扶贫协作纪实》,载《中国贫困地区》,1998年第3期。

[5] 王永忠：《闽宁扶贫协作的现状及对策》，载《中国贫困地区》，1999 年第 10 期。

[6] 谢庆奎：《中国政府的府际关系研究》，载《北京大学学报（哲学社会科学版）》，2000 年第 1 期。

[7] 张晓阳：《论建立对口帮扶的制度保证系统》，载《贵州社会科学》，2000 年第 1 期。

[8] 沈红：《中国贫困研究的社会学评述》，载《社会学研究》，2000 年第 2 期。

[9] 林毅夫：《解决农村贫困问题需要有新的战略思路——评世界银行新的"惠及贫困人口的农村发展战略"》，载《北京大学学报（哲学社会科学版）》，2002 年第 5 期。

[10] 魏华祥、马瑞萍、尚勇：《加强东西扶贫协作 缩小区域经济发展差距——对福建省与宁夏回族自治区开展对口扶贫协作的调查》，载《理论前沿》，2003 年第 12 期。

[11] 许月卿、李双成：《我国三大地带经济发展不平衡性动态分析》，载《中国人口·资源与环境》，2004 年第 6 期。

[12] 杨道波：《对口支援和经济技术协作法律对策研究》，载《中央民族大学学报（哲学社会科学版）》，2006 年第 1 期。

[13] 武力：《试论我国实施五年计划的历史经验》，载《中共党史研究》，2006 年第 6 期。

[14] 汪三贵：《中国新时期农村扶贫与村级贫困瞄准》，载《管理世界》，2007 年第 1 期。

[15] 孙志祥：《美国的贫困问题与反贫困政策述评》，载《国家行政学院学报》，2007 年第 3 期。

[16] 张军扩：《中国的区域政策和区域发展：回顾与前瞻》，载《理论前沿》，2008 年第 14 期。

[17] 陈瑞莲、谢宝剑：《回顾与前瞻：改革开放 30 年中国主要区域政

策》，载《政治学研究》，2009年第1期。

［18］张贡生：《东西合作研究述评》，载《兰州商学院学报》，2009年第2期。

［19］陈栋生：《中国区域经济发展的新格局——改革开放30年回顾与前瞻》，载《南京社会科学》，2009年第3期。

［20］吴希宾：《在扶贫中协作 在协作中共赢：全国东西协作扶贫工作会议明确三个着力点》，载《中国扶贫》，2010年第13期。

［21］王颖、董垒：《我国灾后地方政府对口支援模式初探——以各省市援建汶川地震灾区为例》，载《当代世界与社会主义》，2010年第1期。

［22］赵清艳、栾海峰：《论我国农村扶贫主体多元化的逻辑演变》，载《北京理工大学学报（社会科学版）》，2010年第3期。

［23］李庆滑：《我国省际对口支援的实践、理论与制度完善》，载《中共浙江省委党校学报》，2010年第5期。

［24］王均伟：《消除贫困：治国安邦的大事——江泽民扶贫攻坚思想研究》，载《中共党史研究》，2011年第3期。

［25］斯丽娟：《以工代赈在农村扶贫开发中的效益——基于甘肃省以工代赈政策实施的调查》，载《甘肃社会科学》，2011年第3期。

［26］刘晓靖：《阿马蒂亚·森以"权利"和"可行能力"看待贫困思想论析》，载《郑州大学学报（哲学社会科学版）》，2011年第1期。

［27］李勇：《中国东西扶贫协作的政策背景及效果分析》，载《老区建设》，2011年第14期。

［28］李勇：《改革开放以来东西扶贫协作政策的历史演进及其特点》，载《党史研究与教学》，2012年第2期。

［29］吴晓明：《论中国学术的自我主张》，载《学术月刊》，2012年第7期。

［30］周晓丽、马晓东：《协作治理模式：从"对口支援"到"协作发展"》，载《南京社会科学》，2012年第9期。

[31] 李飞、唐丽霞、于乐荣:《走出多维贫困研究的"内卷化"与"学徒陷阱"——文献述评的视角》,载《中国农业大学学报(社会科学版)》,2013年第3期。

[32] 钟开斌:《对口支援:起源、形成及其演化》,载《甘肃行政学院学报》,2013年第4期。

[33] 闫坤、于树一:《论新时期我国"两线一力"的反贫困模式》,载《全球化》,2014年第2期。

[34] 束锡红、聂君、樊晔:《宁夏生态移民开发历程回顾与展望》,载《宁夏党校学报》,2015年第2期。

[35] 李瑞昌:《界定"中国特点的对口支援":一种政治性馈赠解释》,载《经济社会体制比较》,2015年第4期。

[36] 李霞:《进一步完善东西部扶贫协作机制的思考——以闽宁对口协作为例》,载《中共银川市委党校学报》,2015年第5期。

[37] 陈成文、廖欢:《精准扶贫:一个概念的社会学意义及其政策启示》,载《开发研究》,2016年第4期。

[38] 尤权:《滴水穿石 真抓实干 进一步提高闽宁对口扶贫协作水平》,载《求是》,2016年第21期。

[39] 康镇、林闽钢:《"以工代赈"作为国家治理工具的历史考察》,载《理论探讨》,2017年第2期。

[40] 曾小溪、汪三贵:《中国大规模减贫的经验:基于扶贫战略和政策的历史考察》,载《西北师大学报(社会科学版)》,2017年第6期。

[41] 洪名勇、张焕炳:《我国扶贫政策实施的时间连续性及空间差异性研究——基于党报报道数量的分析》,载《西北师大学报(社会科学版)》,2017年第6期。

[42] 黄承伟:《东西部扶贫协作的实践与成效》,载《改革》,2017年第8期。

[43] 吴国宝:《东西部扶贫协作困境及其破解》,载《改革》,2017年

第 8 期。

［44］李小云：《东西部扶贫协作和对口支援的四维考量》，载《改革》，2017 年第 8 期。

［45］李素玲：《鱼渔并授 山海同行——对厦门—临夏东西扶贫协作的调查与思考》，载《中国党政干部论坛》，2017 年第 10 期。

［46］郑春勇：《对口支援中的"礼尚往来"现象及其风险研究》，载《人文杂志》，2018 年第 1 期。

［47］孔祥智：《产业兴旺是乡村振兴的基础》，载《农村金融研究》，2018 年第 2 期。

［48］黄承伟：《论习近平新时代中国特色社会主义扶贫思想》，载《南京农业大学学报》，2018 年第 3 期。

［49］杨建国、段金德：《国内农村贫困治理研究知识图谱与进路研判——基于 CNKI 中 CSSCI 期刊论文（2006—2016）的计量分析》，载《中共党史研究》，2018 年第 4 期。

［50］何阳、孙萍：《精准扶贫第三方评估流程再造：理论依据、现实动因与政策设计——对民族地区精准扶贫第三方评估实践的反思》，载《内蒙古社会科学（汉文版）》，2018 年第 5 期。

［51］贾海薇：《中国的贫困治理：运行机理与内核动力——基于"闽宁模式"的思考》，载《治理研究》，2018 年第 6 期。

［52］韩俊：《以习近平总书记"三农"思想为根本遵循实施好乡村振兴战略》，载《管理世界》，2018 年第 8 期。

［53］谢耀谦：《总书记心系宁夏革命老区》，载《福建党史月刊》，2018 年第 11 期。

［54］尹德挺、袁尚、张锋：《改革开放四十年中国人口流动与分布格局变迁》，载《人口与计划生育》，2018 年第 12 期。

［55］丁晓平：《〈解放思想，实事求是，团结一致向前看〉诞生记》，载《党史博览》，2018 年第 12 期。

［56］王超、刘俊霞：《中国反贫困工作40年历史演进——基于1979—2018中国反贫困政策的量化分析》，载《中国农村经济》，2018年第12期。

［57］王爱云：《改革开放40年中国农村扶贫开发历程与经验》，载《泰山学院学报》，2019年第1期。

［58］张新华：《新中国以来扶贫历程与思想结晶》，载《重庆行政》，2019年第1期。

［59］燕连福、马亚军：《习近平扶贫重要论述的理论渊源、精神实质及时代意义》，载《马克思主义与现实》，2019年第1期。

［60］豆书龙、叶敬忠：《乡村振兴与脱贫攻坚的有机衔接及其机制构建》，载《改革》，2019年第1期。

［61］向德平、华汛子：《改革开放四十年中国贫困治理的历程、经验与前瞻》，载《新疆师范大学学报（哲学社会科学版）》，2019年第2期。

［62］程军：《精准扶贫：当代中国国家治理的情感逻辑》，载《深圳大学学报（人文社会科学版）》，2019年第3期。

［63］曾水英、范京京：《对口支援与当代中国的平衡发展》，载《西南民族大学学报（人文社科版）》，2019年第6期。

［64］白永秀、何昊：《西部大开发20年：历史回顾、实施成效与发展对策》，载《人文杂志》，2019年第11期。

［65］陆汉文：《东西部扶贫协作与中国道路》，载《人民论坛·学术前沿》，2019年第21期。

［66］黄承伟：《中国减贫理论新发展对马克思主义反贫困理论的原创性贡献及其历史世界意义》，载《西安交通大学学报（社会科学版）》，2020年第1期。

［67］石绍宾、樊丽明：《对口支援：一种中国式横向转移支付》，载《财政研究》，2020年第1期。

［68］赵晖、谭书先：《对口支援与区域均衡：政策、效果及解释——基于8对支援关系1996—2017年数据的考察》，载《治理研究》，2020年第

1期。

［69］何阳、娄成武：《后扶贫时代贫困问题治理：一项预判性分析》，载《青海社会科学》，2020年第1期。

［70］韩喜平、张梦菲：《新中国救济式扶贫的经验及展望》，载《党政研究》，2020年第3期。

［71］萧冬连：《改革开放史需要多学科对话——以解释"中国奇迹"为例》，载《中共党史研究》，2020年第5期。

［72］李瑞昌：《从更高站位认识医疗援鄂的重要意义》，载《中国党政干部论坛》，2020年第4期。

［73］汪三贵、胡骏：《从生存到发展：新中国七十年反贫困的实践》，载《农业经济问题》，2020年第2期。

［74］王爱云：《国外学者对中国消除农村绝对贫困的研究》，载《当代中国史研究》，2020年第3期。

［75］陆继霞：《中国扶贫新实践：民营企业参与精准扶贫的实践、经验与内涵》，载《贵州社会科学》，2020年第3期。

［76］薛卉：《海外学者视域下的中国扶贫》，载《理论建设》，2020年第4期。

［77］杨金海：《马克思主义反贫困理论的丰富和发展》，载《高校马克思主义理论研究》，2020年第4期。

［78］陈明凡：《马克思恩格斯的反贫困理论》，载《高校马克思主义理论研究》，2020年第4期。

［79］郭建宁：《决胜脱贫攻坚的基本经验》，载《高校马克思主义理论研究》，2020年第4期。

［80］邹广文、李坤：《从脱贫攻坚到美好生活》，载《高校马克思主义理论研究》，2020年第4期。

［81］肖广岭：《习近平扶贫重要论述的指导作用》，载《高校马克思主义理论研究》，2020年第4期。

［82］燕连福：《习近平扶贫重要论述的时代意义》，载《高校马克思主义理论研究》，2020年第4期。

［83］蒋永穆、卢洋：《消除绝对贫困的中国之能探颐》，载《马克思主义与现实》，2020年第5期。

［84］姜志刚：《开创东西部扶贫协作的"闽宁模式"》，载《中国党政干部论坛》，2020年第9期。

［85］杨劼：《我国东西部扶贫协作机制创新——以粤桂扶贫协作财政视角为例》，载《地方财政研究》，2020年第10期。

［86］康沛竹、何惧：《习近平扶贫重要论述的理论品格研究》，载《理论视野》，2020年第11期。

［87］《时代楷模"闽宁对口扶贫协作援宁群体"》，载《求是》，2020年第14期。

［88］张晓颖、王小林：《东西扶贫协作：贫困治理的上海模式和经验》，载《甘肃社会科学》，2021年第1期。

［89］解安、侯启缘：《中国相对贫困多维指标建构——基于国际比较视角》，载《河北学刊》，2021年第1期。

［90］那朝英、刘尧：《国际社会对中国脱贫攻坚的关切和认知》，载《国外理论动态》，2021年第2期。

［91］仲德涛：《实现脱贫攻坚与乡村振兴有效衔接的路径选择》，载《学习论坛》，2021年第2期。

［92］曾恒源、高强：《脱贫攻坚与乡村振兴统筹衔接：学理必然、形势任务与政策转型》，载《农业经济与管理》，2021年第2期。

［93］杨金海：《习近平扶贫重要论述的重大贡献及历史意义》，载《马克思主义理论学科研究》，2021年第3期。

［94］汪三贵、郭建兵、胡骏：《巩固拓展脱贫攻坚成果的若干思考》，载《西北师大学报（社会科学版）》，2021年第3期。

［95］陈燕：《脱贫攻坚后时代：农业农村现代化及乡村振兴的新征程》，

载《福建论坛·人文社会科学版》，2021 年第 3 期。

［96］盛晓薇、马文保：《"闽宁模式"：东西部扶贫协作对口支援的实践样本》，载《人民论坛·学术前沿》，2021 年第 4 期。

［97］黄承伟：《脱贫攻坚有效衔接乡村振兴的三重逻辑及演进展望》，载《兰州大学学报（社会科学版）》，2021 年第 6 期。

［98］闫书华：《实施乡村振兴战略的根本遵循》，载《学海》，2021 年第 6 期。

［99］周飞舟：《从脱贫攻坚到乡村振兴：迈向"家国一体"的国家与农民关系》，载《社会学研究》，2021 年第 6 期。

［100］郭俊华：《产业兴旺推动乡村振兴的模式选择与路径》，载《西北大学学报（哲学社会科学版）》，2021 年第 6 期。

［101］颜得如、张玉强：《脱贫攻坚与乡村振兴的逻辑关系及其衔接》，载《社会科学战线》，2021 年第 8 期。

［102］田毅鹏：《脱贫攻坚与乡村振兴有效衔接的社会基础》，载《山东大学学报（哲学社会科学版）》，2022 年第 1 期。

［103］王建斌：《新征程推进农业农村现代化研究》，载《理论视野》，2023 年第 3 期。

［104］燕连福、李晓利：《习近平乡村振兴重要论述的丰富内涵与理论贡献探析》，载《北京工业大学学报（社会科学版）》，2023 年第 3 期。

四、学位论文：

［1］兰英：《对口支援：中国特色的地方政府间合作模式研究》，西北师范大学 2011 年硕士论文。

［2］李勇：《改革开放以来东西对口扶贫协作研究》，福建师范大学 2012 年硕士论文。

［3］梁珊：《当代中国东西扶贫协作问题研究》，吉林大学 2015 年硕士论文。

［4］黄萍：《改革开放以来中国共产党扶贫思想研究》，安徽大学2017年硕士论文。

［5］戴雪娟：《〈人民日报〉扶贫报道研究（1978—2016）——基于框架分析的视角》，武汉大学2017年硕士论文。

［6］李志刚：《"移"与"助"：闽宁镇建设中的政策合力与政策效应研究》，中央民族大学2020年硕士论文。

［7］席建国：《我国东西部地区对口帮扶效应研究——TFP的视角》，华侨大学2011年博士论文。

［8］张莉：《中国东西部地区扶贫协作发展研究》，天津大学2015年博士论文。

［9］曾勇：《中国东西扶贫协作绩效研究——以沪滇对口帮扶为例》，华东师范大学2016年博士论文。

［10］仇荀：《马克思主义贫困理论及当代中国贫困治理实践研究》，吉林大学2016年博士论文。

［11］武沁宇：《中国共产党扶贫理论与实践研究》，吉林大学2017年博士论文。

［12］周媛也：《新时代中国共产党扶贫理论与实践研究》，湖南师范大学2019年博士论文。

［13］于德：《习近平精准扶贫思想研究》，中共中央党校2019年博士论文。

后 记

现在呈现在读者面前的这部书稿,是在我博士论文《改革开放以来区域扶贫协作研究》的基础上修改完善而成的。2021年是一个不平凡的年份,伟大的中国共产党迎来百年华诞,脱贫攻坚取得全面胜利,乡村振兴开启崭新篇章。2021年7月,我从北京大学马克思主义学院博士毕业,进入浙江大学马克思主义学院工作。在这样一个独特的年份告别学生身份,走上工作岗位,我感到生逢其时,也重任在肩。

工作后,我保持着对贫困治理工作和乡村振兴战略相关问题的持续关注。结合答辩委员会和其他老师提出的意见建议,我主要结合近两年贫困治理、乡村振兴理论和实践上的新发展,对文稿内容进行了补充,在整体结构和文字表述上进行了调整。我深知,受限于自身水平能力,本书尚有许多不足之处。文责自负,还望学界前辈同仁批评指正。

在书稿即将付梓之际,感恩之情,溢于言表。首先,由衷感谢我的博士导师康沛竹教授。从博士论文选题开始,在框架设计、研究撰写、修改定稿各个环节中,她都给予了我耐心细致的指导。除了学业上的悉心教导外,她严谨求实的治学精神、乐观豁达的生活态度、因材施教的教学智慧,也都深深地影响了我,使我获益良多。

感谢在我求学过程中给我提供指导和帮助的各位老师。何其幸运,我能先后就读于中国人民大学和北京大学这两所人文社会科学领域的知名学府。

无论是本科阶段在人大马院基础知识的积淀,还是硕博阶段在北大马院研究方法的训练,如果说取得了些许进步的话,主要都得益于诸多名师的悉心指导,这份厚重的师恩我会铭记于心。

感谢和我并肩奋斗、共同进步的师兄弟姐妹和同学们。独行快众行远,无论是攻读博士学位还是从事教学科研工作,都不是一段轻松的旅程,幸好这条道路上我不必孤独前行。青春岁月是宝贵的财富,同窗之谊是难得的缘分,祝福你们在未来的工作和生活中一切顺利。

最后,感谢我的朋友、家人,特别是我的父母。我深知,在同龄人纷纷步入社会回报父母的时候,我得以在象牙塔中继续"岁月静好",背后是他们在为我负重前行。父母身体健康、心情舒畅,是我最大的愿望,也是我奋斗的动力。

本书最终得以出版,还离不开浙江大学马克思主义学院各位领导和同事的大力支持。中央编译出版社的编辑老师为本书出版做了大量细致工作并提出了许多有价值的修改意见,在此一并致以最诚挚的谢意。

回首过往,尽管我从事中共党史和中国近现代史学习研究时间已然不短,但时常感到相较于崇高的学术殿堂,自己只能算得上是"初窥门径"。脱贫攻坚不是扶贫事业的终点,而是新生活新奋斗的起点。在而立之年的时间点出版第一部学术专著,我想于我而言同样不是终点,而是学术生涯的新起点。

何 惧

2023年6月于浙大紫金港